中国-东盟法律研究中心

重庆市人文社会科学重点研究基地

最高人民法院东盟国家法律研究基地

本书是中国-东盟法律研究中心规划课题成果

中国—东盟法律评论

CHINA-ASEAN LAW REVIEW

(2021 Volume)

第十一辑 二〇二一年

■ 主　　编:张晓君

■ 主办单位
中国西南政法大学
中国-东盟法律研究中心

■ Chief Editor　Zhang Xiaojun

■ Sponsors
Southwest University of Political Science and Law of China
China-ASEAN Legal Research Center

■ 执行编辑: 徐忆斌　王泽银　阳兴龙

■ Executive Editors: Xu Yibin　Wang Zeyin　Yang Xinglong

厦门大学出版社 XIAMEN UNIVERSITY PRESS
国家一级出版社
全国百佳图书出版单位

中國—东盟法律评论

韩杼滨

越南—中国—东盟法律信息咨询中心主任陈大兴用越南文字为《中国—东盟法律评论》题写刊名

Journal Undang Undang Asean-China

冯正仁

马来西亚联邦法院前大法官、第五届“中国—东盟法律合作与发展高层论坛”组委会主席冯正仁先生以马来语为《中国—东盟法律评论》题写刊名。

柬埔寨司法部大臣昂翁 •瓦塔纳用高棉语为《中国—东盟法律评论》题写刊名

China-ASEAN Legal Research Centre plays vital role in legal communication and cooperation between China and Myanmar

17.12.16

H.E. Mr. Win Myint
Deputy Attorney General
Union Attorney General's Office
Republic of the Union of Myanmar

前缅甸联邦最高检察院副检察长吴温敏为中心题词

Many thanks for China-ASEAN Legal Research Center to provide the strenthing legal coperation between Indonesia and China

Nanning. China
6th. Dec. 2017
Indonesia Attorney General
H.M PRASETYO

前印尼最高检总检察长 穆罕默德·普拉赛特为中心题词

中国—东盟法律研究中心：

法学之花盛开！

佟晓玲
驻东盟大使
二〇一二年三月七日

Advisory Committee

编 者 按

"博观而约取,厚积而薄发。"共建"一带一路"不仅为世界各国的发展提供了机遇,也对中国发展提出了挑战。中国在向世界贡献"中国智慧""中国方案"等的同时,必须结合当下"一带一路"的发展背景,向他国学习,借鉴长处,从而为今后的"薄发"蓄积力量。因此,本辑《中国—东盟法律评论》将主题设定为"一带一路"背景下的中国有关制度发展及对他国相关制度借鉴,共收录西南政法大学师生10篇稿件,内容涵盖"一带一路"法治建设、中国—东盟区域相关问题、东盟地区国别法制发展三个研究专题,对"一带一路"背景下中国相关制度以及其他国家的有关制度等热点、难点问题进行了探索与研究。

专题一为"一带一路"法治建设的相关研究包括三篇文章。西南政法大学副教授、法学博士、硕士生导师张辉和西南政法大学硕士研究生Soeur Chanveasna合著的《"一带一路"背景下澜湄流域环境争端解决机制研究》一文,通过阐述澜湄合作机制和当前澜湄流域存在的几种环境争端,分析现有环境争端解决机制存在的不足,并结合国内外经验提出澜湄流域环境争端解决机制的完善设想。西南政法大学法律硕士胡旭撰写的《"一带一路"背景下中国—东盟涉外法律服务保障机制的困境与出路》一文,通过对"一带一路"背景下中国—东盟涉外法律服务保障机制的阐述,揭示了"一带一路"背景下中国—东盟涉外法律服务面临的风险及困境,提出了我国应完善法律体系,降低服务风险,提升人才水平并优化争端解决机制等解决方式。西南政法大学副教授宋云博和西南政法大学硕士研究生霍晨兮著的《"一带一路"建设中境外留学人员权益保障机制研究》一文,通过对境外留学人员的发展现状分析,阐述留学人员利益受侵害的主要原因,提出建立维护境外留学人员正当权益的途径与保障体系。

专题二为中国—东盟区域相关问题研究,包括三篇文章。西南政法大学国际法学院教授、中国法学会中国—东盟法律研究中心研究员杨丽艳撰写的

《东盟共同体在南海政策一体化的影响及我国对策》一文,从历史、法律文本角度分析了由东盟政治安全共同体(APSC)、东盟经济共同体(AEC)以及东盟社会文化共同体(ASCC)构成的东盟共同体。强调基于东盟宪章及东盟三个共同体的系列法律文件指导下,东盟共同体的一体化有了长足的发展,包括南海在内的地区安全的一体化的政策及法律,这些政策和法律突出了东盟共同体在南海问题上的机构、法律文件以及争端解决机制的一体化特点,指出我国应该重视东盟在南海问题上的一体化表现,主动提出与东盟共同体合作的建议,建立南海国际经济合作机制,或将南海合作或纳入中国—东盟FTA的升级版的建设,以及结合"一带一路"倡议来考虑南海的合作,以此带来区域的长久安全、福利均惠,以及展示中国的区域国际治理能力。西南政法大学国际法学博士生刘潇撰写的《论投资者—东道国仲裁调解制度——以中国—东盟自由贸易协定为例》一文,以中国—东盟自由贸易协定为例,关注投资者—东道国投资争端仲裁机构受理后的调解制度,论述了中国—东盟投资者—东道国争端解决机制以及中国—东盟投资者—东道国仲裁调解价值取向和价值追求,提出了实现中国—东盟投资者—东道国仲裁调解的路径选择。西南政法大学国际法学博士研究生许俊撰写的《日本民用核能法律制度发展对中国—东盟合作的创新思考》一文,通过阐述引发问题的起源,进一步阐述日本民用核能法律制度的必要性,并对福岛核事故之前日本民用核能法律制度和福岛核事故后日本民用核能法律制度新发展进行论述 ,从而提出了中国—东盟民用核能法律制度完善的创新参考。

专题三为东盟地区国别法制发展研究,包括四篇文章。西南政法大学国际法学院博士、副教授刘畅撰写的《菲律宾管辖海域划定相关法律体系考察》一文,通过对《联合国海洋法公约》的加入与立场表达以及关于国家领土及群岛水域、领海基线及群岛基线和专属经济区、大陆架及其他特定海域认定的相关立法等问题进行阐述,进一步得出基于菲律宾管辖海域划定法律体系的观察结论。西南政法大学国际法学院博士、讲师夏丁敏与复旦大学法学院法学硕士研究生钱丁怡合作撰写的《菲律宾海洋战略与海洋法律体系概述》一文,对菲律宾海洋战略规划与菲律宾涉海法律体系,以及菲律宾海洋决策、管理与执法机构进行了详细的论述,并在此基础上对菲律宾海洋战略进行了总结与评价。西南政法大学国际法学院教师、中国—东盟法律研究中心秘书长助理王泽银撰写的《泰国电子支付服务监管法律制度及其启示》一文,通过分析泰国电子支付服务监管的主要措施,总结出泰国的监管思路。以此为依托,进一步论述我国在电子支付监管方面应当重视依法监管、分类监管、支付服务商的

财务状况审查，并建议我国尽快完善电子支付法律制度，为支付企业“走出去”建立制度自信。西南政法大学中国—东盟研究中心研究员、法学博士阳兴龙与西南政法大学经济法学院2017级本科生陈禹锦合作撰写的《泰国国际投资争端解决机制研究：现状与改革路径》一文，介绍了泰国国际投资争议的国内仲裁机制与泰国国际投资争议的国际仲裁机制，指出泰国在投资仲裁方面实施了一系列改革措施，但相关机制仍有完善和提升的空间。结合泰国国内和国际投资仲裁机制的发展趋势，提出泰国可以考虑解除对投资合同中纳入仲裁条款的限制、加入欧盟推进的国际投资法院体系、更新当前双边投资协定范本以及适时加入《华盛顿公约》的建议。

目　录

Contents

专题一

“一带一路”法治建设

"一带一路"背景下澜湄流域环境争端解决机制研究

张　辉[*]　Soeur Chanveasna[**]

摘　要:在"一带一路"倡议影响下,为推进可持续发展和务实合作,中国与澜湄流域国家共同搭建澜湄合作机制,致力于澜湄流域的共同开发、共同发展和共同繁荣。伴随着澜湄流域的系列开发、使用和收益,其面临的环境争端和环境问题异常突出,便引发对澜湄流域环境争端解决机制的思考。本文通过阐述澜湄合作机制和当前澜湄流域存在的几种环境争端,分析现有环境争端解决机制存在的不足,结合国内外经验提出澜湄流域环境争端解决机制的完善设想,为平衡各国利益冲突,推动全球次区域合作贡献一己之力。

关键词:一带一路;澜湄合作机制;环境争端;解决机制

在"一带一路"机遇带动下,中国与东盟之间睦邻友好关系更为紧密,合作机制也不断增多,澜湄合作机制就位列其中。澜湄环境合作作为澜湄合作的分支,"一带一路"为其提供共同繁荣的发展方向和协同解决的发展思路,倡导澜湄流域各国积极参与澜湄环境合作,极力打造澜湄流域命运共同体。"一带一路"背景下澜湄流域环境争端解决机制不仅可以化解区域环境问题,还可以为区域经济发展保驾护航,促使澜湄经济向绿色循环发展。

一、"一带一路"背景下的澜湄合作机制

澜湄合作机制是中国与澜沧江—湄公河流域六国达成的关于经济、政治、社会、文化等多个领域合作发展的共识。"一带一路"与澜湄合作机制的时间

---

* 张辉,西南政法大学副教授、法学博士、硕士生导师,主要研究方向为环境资源法。

** Soeur Chanveasna,西南政法大学国际法学院博士研究生。

交织促使两者相互影响、相互促进。例如,"一带一路"区域合作精神促进流域各国经济社会发展,打造澜湄流域经济发展带,共建澜湄国家命运共同体,助力东盟共同体建设和地区一体化进程,为推进南南合作和落实联合国2030年可持续发展议程作出新贡献,共同维护和促进地区持续和平和发展稳定。

在中国的倡议下,2015年11月12日,首次外长会在云南景洪举行,通过了《澜湄合作概念文件》《首次外长会联合新闻公报》,确立了澜湄合作目标、原则、重点领域和机制框架等内容;2016年3月23日,首次领导人会议在海南三亚举行,各方正式启动澜湄合作机制;2018年1月10日,第二次领导人会议在柬埔寨金边举行,会议发表了《澜沧江—湄公河合作五年行动计划(2018—2022)》和《澜湄合作第二次领导人会议金边宣言》,散发了《澜湄合作第二批合作项目清单》和"六个优先领域联合工作组报告",确定将"3+5合作框架"升级为"3+5+X合作框架",重点在水资源、产能、农业、人力资源、卫生医疗等领域开展合作,推动澜湄合作由培育期迈入成长期。

二、澜湄合作机制下澜湄流域存在几种环境争端

澜湄流域环境争端,即澜湄流域内国家之间因环境资源开发、利用等系列行为引发的澜湄流域环境问题而使其双方或多方产生利益、政治、法律、事实争执。澜湄流域环境争端可分为航行争端和非航行争端,非航行争端包括用水权争端和水益分配争端以及水污染争端和生物资源争端,本文主要探讨非航行争端。

(一)澜湄流域国家的用水权争端

用水权争端是指各流域国家因为争水产生的各种纠纷。虽然理论上来说各流域国家享有平等的用水权,但实践中各流域国家经常在各种用水问题上产生分歧,比较常见的是上游国家建造大型水利工程,影响下游国家的用水权而产生的争端。[①] 湄公河作为一条国际河流,流经包括中国在内的六个国家。中国处于澜湄流域的上游地区,水资源的取得相对便利,对湄公河的水资源的开发利用也倾向于进行水电工程的建设;而下游国家虽也开发水电工程项目,但对水资源的利用仍多倾向于农田灌溉、渔业发展等。水资源自身具有时序

① 黄炎:《澜沧江—湄公河流域水资源国际合作的动因、基础与路径选择》,载《国际法研究》2018年第4期。

性、流动性以及空间分布不均匀性，导致该流域六国难以均衡地获取并利用水资源。因此，每年1—2月份的枯水期到来的时候，下游国家的农业、渔业会出现水资源不足的情况，而我国的水电项目建设便容易引起下游国家的不满，其认为是我国设坝截水发电的行为严重影响了其国内水资源的流量。

例如，2016年3月澜湄流域受强厄尔尼诺现象的影响，导致澜湄流域国家遭受了一百年来最严重的干旱，在越南外交部提出请求后，我国决定克服自身困难，于3月15日开闸向下游放水，希望可以缓解下游国家的旱情。在这次事件中，中国虽显示了大国风范，但是仍有不同声音认为是由于中国截留了水资源导致旱灾如此严重。

(二)澜湄流域国家的水益分配争端

水益分配争端与用水权争端具有紧密的联系，并且水益分配争端往往是由用水权争端引起的后续利益纠纷。对于水益的分配应当涵盖：第一，一国因对水资源的利用而直接获利；第二，一国对水资源的利用行为影响了其他国家的利益，对其补偿使其获利。因此，水益分配争端不能完全等同于用水权争端。水益分配争端主要体现在大型水利工程的建设产生的收益分配问题上，因为一项水利工程往往可以惠及多个径流国，各国可能在利益分配问题上产生各种分歧。[①] 基于水资源流动性的影响，单一国家对水资源的利用及使用必将对其他沿岸国产生影响。

(三)澜湄流域国家的水污染争端

流域水污染问题近些年来在全球范围内较为突出，湄公河作为横跨中国和东盟五国的主要河流，在各国的社会经济发展中起到举足轻重的作用，流域开发利用以及沿岸经济带的发展引发的水污染争端日趋明显。

澜湄流域水污染的形成原因相对复杂。首先，随着大湄公河次区域经济建设的推进及流域国家廉价劳动力被大量发掘，许多大型企业沿流域建立起越来越多的化工园区等项目。而化工园区的建设，不可避免地加大了对流域的排污量，工业点源污染问题逐步加重。其次，澜湄流域水源丰富，其下游国家仍以农业和渔业发展为主。因此，湄公河用于灌溉的河水在循环回流到湄公河后，势必会引起农药化肥的面源污染问题。再次，各国关于航道的开发也在一定程度上引起水污染的发生。随着航道的开通，在该河流上航行的船只

① 刘恩媛：《论"一带一路"环境争端解决机制》，载《国际贸易》2018年第4期。

也越来越多,因为船只所带来的对河道的油污污染、船上垃圾污染等点源污染问题日益明显。同时,各国利用澜湄流域的丰富水资源以及河流的大幅落差进行水电工程建设,在建设过程中将出现大量建设原材料混入河流,改变水质。据 2011 年云南大学亚洲国际河流中心测得的数据,中国境内流域干流低沙重金属锌、铅、砷的含量平均值为 91.43 mg/kg、41.85 mg/kg、21.84 mg/kg,流域东盟国家的铬的含量平均值为 418.86 mg/kg。中国境内存在重金属锌、铅、砷的污染,而流域东盟国家存在较多的铬污染。除此之外,沿岸国居民生活垃圾的处理等点源污染,都将增加水污染争端发生的可能性。

(四)澜湄流域国家的生物资源争端

澜湄流域生物资源的丰富性,从世界范围来看也是数一数二的,仅次于亚马孙河。故随之而来的生物资源争端也将有很多类型,如生物资源所有权争端、生物资源开发利用争端、外来物种入侵争端、生物多样性破坏争端等。流域下游国家主要发展的仍然是渔业,因此,在上游国家的过渡捕捞或者水电站、大坝的建设对其生物种类、数目产生影响时,便会出现生物多样性破坏争端。同时,由于水生动物的流动性,流域的动物无法固定归属于某一国家,其中的珍稀、濒危动物以及具有较高经济价值的动物所有权的归属问题也将引起争端。

因此,未来澜湄流域也将有产生有关生物资源争端的条件,从而加剧澜湄流域目前争端的复杂化。

三、现存澜湄流域环境争端解决机制的不足

澜湄流域虽然存在以上多种环境争端,却尚未形成一个囊括六国的争端解决机制。究其原因在于:首先,流域国都是发展中国家,对于经济发展都有较大要求,而湄公河的水资源生物资源等无疑会为各国带来相当大的利益,也就由此产生争端。其次,流域各国都有着其本国的文化、政治和法律制度,各个方面的内容也不尽相同,在法律规定出现冲突时,对于同一问题的法律适用也势必产生争端。对于国际河流争端的解决,国际上较为普遍的做法就是签订协议以及设立机构解决争端。而在澜湄流域并不存在流域各国统一的机构或协议。目前澜湄流域环境争端解决机制的不足也主要包括两方面:(1)澜湄流域中国与东盟国家没有就澜湄流域的环境争端解决机制达成相关协议或者条约,缺少相应的法律规制。(2)中国和东盟国家也没有对澜湄流域的环境争

端设立专门的解决机构。

(一)环境争端解决基本原则不明确

澜湄流域环境争端解决离不开具体的环境合作协议指导,也不能缺乏环境争端解决基本原则予以指导方向;澜湄流域环境问题不仅涉及环境问题,还涉及国际争端解决,因此须遵守国际交往原则和界限。澜湄合作机制虽为澜湄国家提供了合作平台,但中国—澜湄六国签订的环境合作协议主要是针对环境资源产品开展合作,在生态环境保护方面,只是提倡建立自然保护网络,有效应对环境污染。所谓原则不明即规定方向不明,责任不明即要求不明,澜湄流域环境争端无法依靠各国的呼吁得以解决,其需要从基本原则先行,将澜湄流域国家的行为囊括在环境协议框架之内。

(二)缺乏关于环境争端解决的实质性规定

1992 年,在亚洲开发银行倡议下大湄公河次区域六国举行首次部长级会议,共同发起了大湄公河次区域经济合作机制,以加强各国间的经济联系;1995 年,柬埔寨、老挝、泰国和越南四个下游国家签署了《澜湄流域可持续发展合作协议》,但从具体内容来看,均未提及环境争端解决的内容。

1.《澜湄流域可持续发展合作协议》

该协议规定了沿岸国应该以公平合理的方式利用他们境内的河水,该协议的提出,在一定程度上使得澜湄流域的环境资源适用判断有了较为明确的标准。但是中国和缅甸并不是该协议的成员国,同时该协议规定的严格的利用河水的条件对于处在湄公河上游的中国和缅甸十分不利,这也是阻碍中国及缅甸加入该协议的主要原因。因此,《澜湄流域可持续发展合作协议》并不能作为澜湄流域争端解决的统一规定标准。同时,《澜湄流域可持续发展合作协议》第 20 条明确规定理事会的决定应获全票通过才能作出。如果中国加入湄委会,那么此种类似一票否决的规定将会大大限制中国的用水权,以及水益的取得。另外,《澜湄流域可持续发展合作协议》虽规定了为保护环境和生态平衡可组织适当的研究和评价,但并未对环保措施、评价标准以及环境影响评价等问题作出详细规定。

2.《大湄公河次区域经济合作协议》

该经济合作协议内容范围广泛,涉及环境问题。但在大湄公河次区域经济合作协议中的文件多为宣言、声明、文件等,法律基础基本都是软法性质的,其在环境资源合作方面主要体现为部长级会议和环境工作组会议,但没有形成正式的协议文本。显然,大湄公河次区域经济合作协议未能为澜湄流域六国关于环境争端解决提出可借鉴的办法。

(三)环境争端解决机构及机制有待建立

目前,在澜湄流域并没有专门的环境资源争端解决机构。在澜湄流域存在的比较重要的组织机构有:

1.湄公河委员会

1995年,老挝、泰国、越南和柬埔寨四国建立了湄公河委员会(Mekong River Committee),这在湄公河中下游的管理中发挥了很大的作用,是该地区现在最重要的环境事项对话平台之一。湄公河委员会的主要财政来源是通过资金捐赠的方式。现阶段湄委会大约有80%的资金来源于发达国家的援助。[①] 这些国家和机构为湄委会提供了大量的捐赠,对湄委会内部也具有一定的话语权,并不能算是个完全独立的国际机构,外部行为体对其行为具有一定影响。1996年,中国和缅甸成为湄公河委员会的对话伙伴。但中国和缅甸并没有加入湄委会,这也是湄公河委员会最重要的结构性缺陷。湄公河委员会虽然在中下游四国在湄公河开发的过程中起到了非常重要的作用,但是其局限性也非常明显,并不能很好地充当解决目前澜湄流域的环境资源争端的机构。

2.中国—东盟对话合作机制

近年来,中国—东盟合作关系得到了较好发展。在2007年第11届中国—东盟峰会发表的主席声明中,环境被纳入中国—东盟合作的第十一项优先领域。2009年,中国与东盟又通过了《中国—东盟环境保护合作战略(2009—2015)》,这一战略的发布进一步加深了中国—东盟环境合作的发展。[②] 由于中国—东盟对话机制合作范围广泛且一直发展较好,在其下进行的环境合作机制通常具有较高的积极性。中国与东盟环境合作机制主要包括中国—东盟环境合作、东盟与中日韩环境部长会议、东亚环境部长会议。同时,双方举行了中国—东盟环境影响评价及战略环境影响评价研讨会、大澜湄流域国家高级官员环境管理(生态保护管理)研修班等交流活动。由此可见,

---

① 扶怡:《澜湄合作机制的现状、功能分析及其对中国的启示》,载《鄱阳湖学刊》2018年第2期。

② 柯坚、高琪:《从程序性视角看澜沧江——湄公河跨界环境影响评价机制的法律建构》,载《重庆大学学报(社会科学版)》2011年第2期。

虽然目前中国—东盟对话合作机制就环境资源领域的合作仍在发展之中，许多具体的机制构建尚待建立，但是今后其在环境资源领域的潜力将十分巨大。

四、澜湄流域环境争端解决机制的完善设想

2016年年初发生的澜湄流域百年一遇的干旱灾害中，中国发扬了乐于助人和奉献精神。

目前中国与东盟国家之间的澜湄流域的环境争端解决机制缺乏相应的国际法规制，而在此之前，我们需要明确澜湄流域争端解决机制的应然状态，在此基础上才能进一步制定相应规范并结合上文提到的澜湄流域干旱问题进行分析。下文笔者就对中国与东盟国家在湄公河环境争端解决机制的完善，从协议签订以及机构设立方面提出自己的一些设想。

(一)确立澜湄流域环境争端解决原则

在签订澜湄流域争端解决协议时，笔者认为应确立相关原则。澜湄流域国家环境争端解决的原则，应当能够对流域争端进行高度概括性的解决或避免，并可运用于争端解决的方方面面。因此，对于确立湄公河争端解决原则，在结合湄公河实际现状并借鉴了多瑙河争端解决原则、《联合国宪章》以及《赫尔辛基规则》等后，有以下几方面：

1.和平解决争端原则

该原则即争端一旦发生，当事方必须冷静面对，相互理解，排除使用武力平息事端，在争端事件中，各方更应抱着合作的心态，相互谦让，实现互利共赢，和平共处。该原则也是国际法的基本原则。对于争端的解决，世界各国统一观点认为非不得已不得采用武力手段，这也是《联合国宪章》等重要国际法条约的原则。因此，澜湄流域争端解决机制的首要原则即应为和平解决争端。

2.公平合理利用原则

该原则要求流域国家在其领土内以公平合理的方式利用湄公河，即应考虑到其他国家的利益，充分保护水资源，以实现湄公河的最佳和可持续利用；应以公平合理的方式参与湄公河的利用、开发和保护，同时在开发利用过程中不得引起严重损害。澜湄流域各国基于水资源开发利用的争端日益增多，究其原因，皆为流域开发对各国利益的影响。因此，对于能够为流域各国带来多种利益的湄公河，公平合理利用乃是重中之重。

3.信息交流数据交换原则

该原则即流域之间应定期交流有关河流的数据和信息,如一流域国被另一流域国要求提供不易得到的数据或信息,则该流域国应尽量予以满足,但由此产生的合理费用应由申请国给付。许多争端发生是信息沟通不畅导致的。因此,流域各国进行信息交流数据交换,是各国相互取得信任,进行友好顺利开发利用的前提。

4.受益补偿原则

其是指在湄公河利用和保护过程中受益的国家,对为了它的受益而采取措施并受到相应损害的国家给予相对应的合理补偿。

5.不造成重大损害原则

该原则要求一国对其境内国际河流进行开发利用时,应保证不对流域国家造成"重大损害"。

6.预防原则

澜湄流域争端的预防原则应包含以下三方面内容:一是事前采取措施,避免环境损害和纠纷;二是当损害不可避免时,采取预防及补救措施,尽量减少损失,防止损害扩大;三是在发生环境纠纷后,采取措施防止纠纷的激化和升级。

综上,笔者认为澜湄流域干旱事件虽未引起争端,但中国的应对态度符合以上原则,比如和平解决争端原则、公平合理利用原则等。在此次事件中,中国作为友好邻国对其伸出援手,那么作为澜湄流域同样受到干旱影响的国家,是否可以运用受益补偿原则,如与中下游国家协商,在接受帮助渡过难关后调整对于我国的出口价格。

(二)签订关于澜湄流域环境争端解决协议

争端解决原则具有抽象性、补充性等作用,但没有详细灵活地包含争端解决的具体方面。签订的协议往往为世界各国处理争端的有效依据,更具有针对性,操作起来更加明确。本文认为,对于澜湄流域国家在环境争端解决方面的协议应当涵盖以下内容:

1.协商签订有关利益损失补偿的内容

如上文所述,澜湄流域的环境争端究其实质往往为利益的纷争。在明确这一问题后,可以依据国际水法的受益者补偿原则,对协议的利益损害赔偿问题进行明确。利益损失补偿的内容符合公平合理开发原则,即在流域各国对湄公河进行开发和利用的过程中如对他国利益产生相当损害,或在一国由于

环境影响而不能进行开发利用而损害利益时,应当经事实认定、协商谈判后,对受损国家进行补偿。同时这也使上游在承担义务时,有利益共享的权利,能够在牺牲自身利益时得到认可和补偿。以上设想在2016年的湄公河干旱事件中即可得到体现,此次中国开闸放水是将自身利益让渡给了灾情更为严重的国家。如果前期对该问题有预防意识,并与湄公河委员会进行协商,可能会更好地解决此问题。

2.协商签订具有引入市场调节方法的内容

经济调节手段向来为国际社会所积极采纳,在澜湄流域争端解决的问题中,也可以采取经济调节手段,并将此以协议形式固定下来。澜湄流域作为各流域国经济的一部分,存在满足国家经济发展统一安排与流域对外相邻国家互补经济优势发挥的差异,如中国的西南广大地区,均为山区,耕地稀缺,粮食自给是一个长期存在的问题,而澜湄流域有广阔的土地,特别是泰国和越南,大米出口名列世界前三位。云南省水能蕴藏丰富,开发条件好,而湄公河下游能源缺乏,水能开发会影响水生生态和渔业生产,澜沧江流域内水域面积小,渔业和水产养殖受到局限。因此,需要通过流域各国进行优势互补,以促进经济发展和流域环境的有效利用。比如,通过澜沧江上游梯级电站开发调节径流,扩大泰国东北部和越南湄公河三角洲的灌溉系统,那么,这些增加的大米可通过出口到上游国家,把进口粮食和出口电力作为我国与下游之间的利益共享方式。

3.环境争端协议中关于环境争端解决方法

一般来说,国际争端的解决方式分为政治解决方法和法律解决方法。政治解决方法通常包括谈判、斡旋、调停、调查等方法,法律解决方法通常是指采用仲裁和司法解决争端的方法[①],本文试以政治方式为主,以法律方式为补充构建澜湄流域争端解决方法。结合上文所提到的澜湄流域出现的争端,笔者认为我国与澜湄流域其他东盟国家之间的争端解决机制应当着重从协商、斡旋、调停、调解以及仲裁的角度进行构建,并且应以协议或者条约的形式确定下来。

(1)协商与谈判。协商与谈判是一种争端当事方普遍使用而无第三方介入的程序,它通常出现在每一次解决争端活动的最初阶段,也是应用最为广泛的争端解决方式。由于澜湄流域六国均为发展中国家,同样对经济发展有较大需求,因而在出现用水权争端和水益分配问题时,进行和平友好的协商和谈

① 徐婷:《国际河流争端解决机制研究》,载《中国政法大学学报》2008年第6期。

判是十分必要的。本文认为,应将谈判列为此争端解决机制的必经程序。在协议中明确应以谈判协商为前置程序,以此种柔和的方式更有助于各国对环境争端进行解决。由于谈判协商皆为和平友好解决争端的方式,同时又是采取各方自愿的形式进行,可对各自利益的牺牲、获取及补偿等一系列问题进行商榷。因此,本文认为我国与其他流域国的谈判协商适用范围可设定为,只要澜湄流域国家直接或间接享有的环境利益被认为无效或受损或任何环境发展目的因其他流域国原因受到阻碍,其可以向另一方提出协商的请求。结合2016年湄公河干旱事件,我们不难看出,协商无疑是友好解决澜湄流域问题的重要方法。2020年的旱情建立在下游情况更为严重的基础之上,那么如果中国的旱情同样严重甚至更严重的时候应当如何处理?上游国家如果选择开闸放水,能否得到下游国家在灾情过去后的援手或补偿?这些问题需要在协商谈判中得到解决,如可以通过签订协议,以低价出口等方式进行弥补等。因此,上游国家的利益损失,应当通过谈判协商方式得到一定弥补。弥补可采取在旱灾当年或是可以协商确定未来的友好利益输送的方法,以促进协议各方的经济利益发展。因此,谈判协商无疑是减少冲突实现共赢的方式。

(2)斡旋和调停。斡旋和调停作为争端的政治解决方法,已有悠久历史。一般对于一项争端适用斡旋调停方法的条件有:争端持续时间长且情况复杂,争端当事方无力解决且都不希望在争端升级过程中继续耗费人力物力,争端各方都有打破僵局进行协商的意愿。

对于斡旋调停方法在澜湄流域环境争端中的运用,本文认为:澜湄流域争端如果基于各方当事国的同意,可基于以下条件进行斡旋调停:关于用水权或水益分配争端相持时间较长且情况复杂、分歧严重,争端方可随时同意斡旋调停,也可由相关流域国随时要求斡旋调停或调解,此项规定可具有较大的灵活性。

(3)仲裁。仲裁是一种各国承认裁决的结果对它们具有法律拘束力的争端解决方式。因此,仲裁的运用应当更为谨慎。

本文认为澜湄流域国家之间的仲裁适用范围应注重以下几点:第一,澜湄流域国家对于有关环境争端应先经协商谈判后各国仍不能达成一致意见。第二,该环境争端应属于澜湄流域产生争端的各方当事国在之前的协议中约定可进行仲裁的争端。第三,仲裁不具有管辖权的范围有:关于以国际法纯属一国管辖的澜湄流域的争端问题;一方当事国提出保留,其他当事国对该国也同样保留。

(4)司法解决。司法解决是指由国际常设法院或者国际法院来审理或判决争端。由于可能涉及主权问题,我国一向采取保留态度。因此,我国与澜湄流域东盟国家的环境争端解决方法应该着重以协商、斡旋调停为主,以仲裁解决为辅的方法进行设置。具体落实到澜湄流域国家存在的以及可能存在的争端解决方法,笔者有以下考虑:澜湄流域国家所有环境资源争端均可以适用协商谈判和斡旋调解的方式进行解决。其中,由于用水权争端和水益分配争端涉及各国对本国内水资源利用以及经济利益问题,各国利益的主观性较强,因此,此两项争端应当更大程度上倾向于以柔和的协商谈判或斡旋调停的方式进行解决。水污染争端以及生物资源争端多是对流域国家生态的影响,其争端内容具有一定的客观判定标准,因此,此两项争端在经过协商谈判、斡旋调停之后还不能对争端进行解决,在争端国均同意的情况下方可进行仲裁。

(三)建立相关的湄公河环境争端解决机构

在未来的开发利用过程中,澜湄流域将会越来越频繁地出现矛盾争端,而目前为止还不存在一个针对澜湄流域的争端解决机构,因此,关于澜湄流域环境争端解决机构笔者有以下设想:

1.争端解决机构的设立基础

澜湄流域的国家除中国外都是东盟成员国,而中国也与东盟达成了许多方面的合作。其中,上文提到的中国—东盟对话合作机制,作为澜湄流域环境争端解决机构建设平台的潜力巨大,如上文所述中国—东盟对话合作机制中包含了环保合作机制以及大湄公河次区域开发合作等。因此,笔者认为可以以其为基础,以流域各国签订的多边协议为权利来源,设立专门的澜湄流域的环境争端解决机构。

2.争端解决机构的职能范围

针对澜湄流域的争端,笔者认为该机构应该有以下职能:

(1)事实认定职能。对于澜湄流域环境争端问题的解决,最为重要的一步是确定环境的事实现状。巴克斯特先生认为跨国环境纠纷的国际合作义务中就存在着设立事实认定机构义务,因此,设立事实认定小组在现存的澜湄流域争端问题上是必不可少的。

以中国与东盟全方面合作产生的对话合作机制为基础成立的争端解决机构,在事实认定小组的成立上就有相当的优势,毕竟澜湄流域国只是其中的一部分国家,因此,此事实认定小组可由东盟其他第三方国家的相关领域专家组成或者也可添加流域国每国一位专家,这也保证了澜湄流域事实认定的公正

性。可进行事实认定的争端的范围,应涵盖各流域国认为其他国家对湄公河的开发利用产生损害的受损国或对损害有直接利害关系的国家,可申请进行事实认定。

对于不同的争端,可对事实认定小组职能进行细致的划分。即事实认定小组应有各方面相关事实认定专家,对用水权争端中的用水方式对受影响国的利益损害程度的认定;对于水益分配争端中的水利工程等对各国利益的分配的评估或认定;对水污染争端中的水污染程度的认定。

(2)争端调解职能。对于澜湄流域的环境争端,调解也是必不可少的解决方式。争端解决机构调解的范围为澜湄流域国家享有的环境利益因其他流域国原因受损或任何环境发展目的受到阻碍而引发的争端,即对澜湄流域国的各项环境资源争端都可以进行调解。当争端发生后,各国经协商谈判难以达成一致,可由该机构经争端各当事国同意,进行多方调解。

同上文所述,当严重旱灾发生后,需要上游国家开闸放水进行援助。对于2016年年初我国对下游国家旱灾的开闸放水,在赞颂大国风范的声音之下,也有不少人认为正是由于我国的放水量少才导致了下游国家的干旱。因此,对于事实的认定,利用各项监测数据对放水量进行科学分析才是平息各国不同观点以及利益冲突的关键。即需要事实认定机构明确下游的干旱与上游开闸放水量的责任关系,明确各国之间的利益分配,减少利益冲突。同时在事实认定的基础之上,由机构中立的对争端进行调解。这是争端解决机构职能中的应有之义。

"一带一路"背景下中国—东盟涉外法律服务保障机制的困境与出路

胡 旭*

摘 要:"一带一路"背景下,中国与东盟间的战略合作可拉动经济增长,其落实离不开涉外法律服务的有力支持。"一带一路"倡议下中国—东盟涉外法律服务的内容包括合规与争端解决,其功能在于有助于抢占中国—东盟合作中的国际法律市场、提升我国法律服务人员业务水平与提高我国的国际影响力。中国—东盟涉外法律服务面临着政治风险、经济风险与法律风险,存在着法律体系不完善、服务风险过高、人才水平待提升、争端解决机制存在缺陷等问题。究其原因则在于其构建时间较短、涉及因素众多、国际法治化程度偏低且国际经济局势多变。对此,在中国—东盟涉外法律保障机制方面,我国应完善法律体系,降低服务风险,提升人才水平并优化争端解决机制。

关键词:中国—东盟战略合作;涉外法律服务;法律人才;争端解决

一、"一带一路"背景下中国—东盟涉外法律服务保障机制概述

(一)"一带一路"倡议图景、中国—东盟合作关系与法律服务的联系

作为国家级顶层战略,"一带一路"在复杂多变的国际、国内局势中应运而生。在国际层面,国际金融危机深层次影响继续显现,世界经济缓慢恢复、发展分化,国际投资贸易格局和多边投资贸易规则酝酿深刻调整,各国面临的发展问题非常严

---

* 胡旭,西南政法大学法律硕士(国际经济法方向),国网信通产业集团安徽继远软件有限公司科员(法务)。

峻。在国内层面,我国自改革开放以来取得了巨大成就,也存在缺乏顶层设计、不注重改善国际发展环境等问题,迫切需要加强各方面改革开放措施的系统集成。"一带一路"(The Belt and Road,缩写 B&R)是"丝绸之路经济带"和"21 世纪海上丝绸之路"的简称,通过依靠中国与有关国家既有的双多边机制,借助既有的、行之有效的区域合作平台,旨在借用古代丝绸之路的历史符号,高举和平发展的旗帜,积极发展与沿线国家的经济合作伙伴关系,共同打造政治互信、经济融合、文化包容的利益共同体、命运共同体和责任共同体。"一带一路"伟大倡议致力于维护全球自由贸易体系和开放型世界经济,构建全方位、多层次、复合型的互联互通网络,实现沿线各国多元、自主、平衡、可持续的发展。"一带一路"的互联互通项目将推动沿线各国发展战略的对接与耦合,发掘区域内市场的潜力,促进投资和消费,创造需求和就业,增进沿线各国人民的人文交流与文明借鉴,让各国人民相逢相知、互信互敬,共享和谐、安宁、富裕的生活。我国与部分国家签署了共建"一带一路"合作备忘录,与一些毗邻国家签署了地区合作和边境合作的备忘录以及经贸合作中长期发展规划,在基础设施互联互通、产业投资、资源开发、经贸合作、金融合作、人文交流、生态保护、海上合作等领域推进了一批条件成熟的重点合作项目。

中国和东盟山水相连,人文相亲,二者间存在共同发展的合作关系。自 1991 年建成中国—东盟对话关系尤其是 2003 年建成战略合作伙伴关系以来,中国和东盟形成了全方位、多层次、宽领域的合作格局,政治互信不断加深,各领域合作均取得了丰硕成果。甚至可以说,中国—东盟关系已经成为东盟对话伙伴关系中最具活力、最具内涵的一组关系。当前,在中国—东盟关系领域已经建立起了中国—东盟中心、中国—东盟自由贸易区、中国—东盟博展会、中国—东盟研究院、中国—东盟环境保护合作中心等。东盟国家普遍认同"一带一路"倡议与"共商共建共享"的理念,期待通过参加"一带一路"建设增进互联互通、满足人民需要、促进地区共同发展,东盟已经成为中国推动共建"一带一路"成果最显著的地区。①

法律服务可为经济发展提供强有力的保障。法律服务具体是指律师、非律师法律工作者(包括法人内部在职人员,退、离休政法人员等)或相关机构以其法律知识和技能为法人或自然人实现其正当权益、提高经济效益、排除不法侵害、防范法律风险、维护自身合法权益而提供的专业活动。其具体内容包括诉讼业务服务与非诉讼业务服务。其中诉讼业务服务包括各种经济、民事、行政案件的诉讼代理和仲裁代理。非诉讼业务服务包括咨询及文书服务;公司、建筑、房地产、金融、证券、

① 《中国与东盟携手并肩 "一带一路"繁荣发展》,中国贸易报,http://www.chinatrade-news.com.cn/epaper/content/2019-07/11/content_61501.htm,最后访问日期:2019 年 4 月 6 日。

保险、知识产权等领域的专项法律服务；商务资信调查、见证、公证等其他非诉讼法律服务。随着全球经济融合程度的提升，法律服务的领域不断扩展，在国际经济交流中发挥的作用亦不断增大。

“一带一路”倡议与法律服务存在着密不可分的关系。第一，“一带一路”倡议、中国—东盟合作关系与法律服务均致力于促进经济发展。“一带一路”倡议借用古代丝绸之路的历史符号发展与沿线国家的经济合作伙伴关系，促进我国对外经济的发展。中国与东盟之间的合作致力于打造世界版图地区内的合作关系，提升临近诸国的合作意愿，促进中国与东盟经济的共同发展。法律服务于经济，致力于保障经济发展运行在法治轨道上，确保经济在有序环境下健康发展。第二，法律服务是“一带一路”倡议与中国—东盟合作关系有效落实的重要支撑。当今的世界是法治的世界，然而由于各国间法律规则、法制环境的差异性，“一带一路”倡议与中国—东盟间国际商务中的部分项目进展困难。我国法律服务，尤其是涉外法律服务范围的扩展与水平的提升可有效解决上述项目中的法律争端，保障“一带一路”与中国—东盟合作项目的有序进行。第三，“一带一路”倡议、中国—东盟合作关系为我国法律服务的发展提供了重要机会。由于机会的限制，我国法律服务尤其是涉外法律服务的水平尚待进一步提升。“一带一路”倡议与中国—东盟间的合作有力地加强了中国与其他国家的经济联系，为我国法律服务水平的提升提供了较大机会。

(二)“一带一路”倡议下中国—东盟涉外法律服务的内容

1.合规法律服务

按照内容、领域及风险产生的形式，“一带一路”倡议所涉及的法律风险分布于投资、劳工、环境、经营、法律制度、贸易等领域。例如，有些企业如果意识不到所在国法律规定的工会的权力，比如未能与当地工人及其工会形成良好关系，可能会面临罢工和激烈抗议的风险。[①] 涉外法律服务要保证有关文件和行为的合法性，从而降低法律风险。其一，涉外法律服务应保障我国经济主体的经济行为符合所在国的法律规定。东盟国家的法律规则各有差异，涉外法律服务应保证我国经济主体的经济行为未触及所在国的刑事法律，并熟悉所在国在投资、劳工、环境、经营、贸易等方面的法律规则，降低我国经济主体的法律风险。其二，涉外法律服务应熟悉运用国际经济规则。所在国由于法治水平的限制必然存在法律漏洞乃至法律空白，甚至在相对不发达国家，自力救济乃至人情关系在经济活动中发挥着重

① 李迅：《“一带一路”的法治思维与法律服务》，载《中国律师》2017 年第 3 期。

要作用。我国的涉外法律服务人员应知晓并熟练运用国际经济规则从而降低涉外经济风险。

2.争端解决法律服务

在中国—东盟合作具体项目的实施过程中,各相关方会因政治、经济、文化、宗教等方面的原因而产生大量的争端。为及时、公正、有效地解决争端,需通过法律科学设置合理的争端解决机制。争端解决机制的明确为中国—东盟经济交流中案件的解决提供了有力的保障。一方面,争端解决法律服务需充分发挥诉讼的作用。诉讼是表达双方争议观点并进行公正判决的行之有效的争议解决机制。我国涉外法律服务工作者应充分熟悉东盟诸国法律规则及国际法律规则,依法及时处理相关的基础设施建设、经贸往来、产业投资、能源资源合作、金融服务、生态环境、知识产权、货物运输、劳务合作等方面的涉外案件,维护我国投资者及政府的应有权利,为"一带一路"营造公平公正、和谐稳定的经济社会环境提供助力。另一方面,争端解决法律服务应充分借助仲裁的力量。与诉讼相比,仲裁的价值体现在快捷、保密和高效等方面,国际民商事纠纷越来越趋向于仲裁的解决方式。在中国—东盟战略合作实施过程中,应将仲裁转化为一种长效的终端解决机制并设置仲裁常设机构,促进涉外民商事争端的高速、高效解决。

(三)"一带一路"倡议下中国—东盟涉外法律服务的功能

1.有助于抢占中国—东盟合作中的国际法律市场

围绕推进"一带一路"与中国—东盟合作的发展战略,我国积极参与了交通、能源、通信等基础设施重大工程、重大项目的立项、招投标等活动,并积极为国际货物贸易、服务贸易、跨境电子商务、市场采购贸易以及新的商业形式和新一代信息技术、新能源、新材料等新兴产业发展提供法律服务。涉外法律服务行业的发展及人员素质的提高可为中国—东盟合作中项目的推进提供法律保障,同时为我国法律服务行业工作人员提供更多的工作机会,有助于扩展我国法律服务行业的国际市场。同时,中国—东盟合作中法律服务人员专业水平的提升可为有关项目的顺利推行提供必要的法律保障,避免有关项目因法律规则的不了解而导致本可避免的经济损失,降低有关经济主体的经营风险,进而多途径推动我国涉外经济的发展。

2.有助于提升我国法律服务人员的业务水平

我国法律服务水平有待提高,涉外法律服务领域亦是如此。以律师业为例,我国律师行业去年整体收入600亿元,占GDP的千分之一点五,而英美等发达国

家比例则为百分之一点多。[①] 中国—东盟合作推进过程中需在多领域开展众多项目，在急速扩张涉外法律服务市场的同时也需要多方面提升我国法律服务人员的专业水平，即通过市场导向倒逼我国法律服务人员提升业务水平。与此同时，我国涉外经济方面法制不完善，甚至在部分领域存在法律空白，涉外法律服务人员业务水平的提升与涉外经济案件经验的积累可为我国涉外经济方面的立法提供有关建议，甚至在国际活动中通过经验积累而争取更多的话语权，在国内外领域推进我国法治建设。

3.有助于提升我国的国际影响力

涉外法律服务工作人员积极参与交通、能源、通信等基础设施重大工程、重大项目的立项、招投标等活动，提供法律服务，降低投资风险。并且在执业活动中开展对外法治宣传，向有关国家和地区宣传我国法律制度，特别是有关投资、贸易、金融、环保等方面的法律规定，增进国际社会对我国法律制度的认知。涉外法律服务工作人员充分发挥法律服务专业优势，协助我国外事、商务等部门依法制定对外经济合作、文化交流等政策措施，协助我国驻外使领馆依法处理外交领事事务。与此同时，国际影响力是一个国家综合国力的展现，涉外法律服务能提升我国的涉外经济水平及法治水平进而提高我国的综合国力，有助于在国际社会中扩展我国的话语权进而增大我国的国际影响力。

二、“一带一路”背景下中国—东盟涉外法律服务面临的风险及困境

（一）“一带一路”背景下中国—东盟涉外法律服务可能面临的风险

1.政治风险

“一带一路”倡议中涉外法律服务可能面临战争或内乱、政府政策及宗教文化方面的政治风险。其一，东盟领域的涉外法律服务面临政府违约、外汇禁兑、国有化或没收等政府政策方面的风险。政府政策方面的风险属于中国企业国际化进程中需面临的最主要风险，其直接导致我国涉外法律服务的投资及收益归零，打击我国涉外法律服务人员的积极性。其二，东盟领域的涉外法

① 《中国律师涉外法律服务很初级》，法制网，http://www.legaldaily.com.cn/zmbm/content/2011-05/18/content_2666903.htm? node＝20350，最后访问日期：2019 年 4 月 6 日。

律服务面临着文化、宗教方面的风险。中国—东盟合作中部分沿线国家存在宗教信仰且宗教派系多元复杂,甚至国内局势动荡,安全隐患凸显。例如,泰国信奉佛教,若涉外法律服务人员过失产生佛教中的不敬行为也可能引发严重的人身威胁。这些易导致投资或建设工程因文化、宗教冲突而难以开展,增加我国涉外法律服务人员的政治风险甚至人身安全风险。

2.经济风险

“一带一路”倡议中涉外法律服务可能面临投资—回报率偏低及经济政策调整的风险。其一,东盟领域的涉外法律服务存在投资回报率低的经济风险。东盟中多为发展中国家,经济发展水平相对不高,涉外法律服务企业均以盈利为目的,投资中国—东盟战略合作的目的为获取更大的经济利益。但老挝、缅甸、柬埔寨等东盟国家的经济基础较弱,且近年来受全球金融危机的影响各国经济形势下行,我国涉外法律服务亦面临投资—回报率偏低的风险。其二,东盟领域的涉外法律服务存在政策差异引发的经济风险。东盟各国的经济政策均存在差异,部分沿线国的经济政策调整频繁,且东盟各国的主权债务风险客观存在,我国涉外法律服务企业易产生因不熟悉各国经济政策而导致收益减少的情形。

3.法律风险

“一带一路”倡议中涉外法律服务可能面临不熟悉他国法律规则、法律规则冲突与争端解决方式存在差异的风险。其一,东盟领域的涉外法律服务存在他国法律规则理解与适用方面的风险。东盟国家法律规定复杂,我国涉外法律服务工作人员难以熟知。东盟诸国可能分属于不同法系,这直接导致各国法律渊源及具体法律规则存在较大差异。面对如此庞杂的法律体系,我国涉外法律工作人员难以熟知并准确运用,直接导致我国涉外法律工作人员的工作风险增加。其二,东盟领域的涉外法律服务存在法律冲突方面的风险。“一带一路”沿线部分国家尚未建立起完善的法律体系,司法的独立性与执行能力均较低。并且“一带一路”沿线国的法律规则与我国法律规则、国家法规则均存在不同程度的冲突,我国涉外法律服务人员难以在复杂的经济形势中明确辨析出应适用的法律规则。其三,东盟领域的涉外法律服务存在争端解决方式选择方面的风险。争端解决方式有诉讼、仲裁、调节、协商等。但各国社会争端解决中倾向选择的争端解决方式存在一定差异。我国涉外法律服务人员在不熟悉东盟诸国法律规则的情况下难以确定最合适的争端解决方式,进而引发法律服务风险。

(二)"一带一路"背景下中国—东盟涉外法律服务的困境

1."一带一路"涉外法律服务的现状阐述

在涉外法律服务的立法方面,我国关于涉外法律服务的法律规则散见于《关于发展涉外法律服务业的意见》等法律规范中,甚至体现在中华全国律协负责人就《中华全国律师协会关于学习贯彻中央有关会议精神努力为全面深化改革和经济社会发展提供优质高效法律服务的意见》答记者问中,法律位阶多为部门规章。在涉外法律服务人才培养方面,我国近年来积极引进涉外法律人才,在高校内不断开设国际法律课程,且不断开拓高校的海外实习基地,为涉外法律服务提供充足的"后备军"。在涉外法律服务风险控制方面,与发达国家相比,东盟诸国处于高风险状态,对此,政府机关、律协等主体积极举办涉外法律服务风险控制的讲座、经验交流会,多途径揭示并控制涉外法律服务风险。在涉外法律服务争端解决方面,我国在实践中一般依据《联合国国际贸易法委员会仲裁规则》解决涉外纠纷,积极与其他国家签订司法协助条约,并通过培训等途径提升涉外法律工作者的争端解决能力,推动涉外法律争端的快速、低成本解决。

表 1 "一带一路"背景下中国—东盟涉外法律服务的部分立法

所属领域	名　称
关于涉外法律服务的国内立法	《境外投资管理办法》
	《境外投资项目核准和备案管理办法》
	《境内机构境外直接投资外汇管理规定》
	《中央企业境外投资监督管理暂行办法》
	《关于新形势下加快知识产权强国建设的若干意见》
	《国际贸易促进条例》
	《中华人民共和国中外合资经营企业法》
	《中华人民共和国外资企业法》
	《中华人民共和国中外合作经营企业法》
	《地方政府参与国际经贸合作条例》
	《关于发展涉外法律服务业的意见》
	《关于深化律师制度改革的意见》

续表

所属领域	名　　称
关于中国—东盟战略合作中涉外法律服务的国际立法或协定	《维也纳条约法公约》
	《多边税收征管互助公约》
	《货物贸易协议》
	《承认及执行外国仲裁裁决公约》
	《亚太贸易协定》
	《中华人民共和国与东南亚国家联盟关于修订〈中国—东盟全面经济合作框架协议〉及项下部分协议的议定书》
	《中华人民共和国与东南亚国家联盟全面经济合作框架协议争端解决机制协议》
	《中华人民共和国政府和马来西亚政府关于刑事司法协助的条约》
	《中华人民共和国政府和印度尼西亚共和国关于刑事司法协助的条约》
	《中华人民共和国和新加坡共和国关于民事和刑事司法协助的条约》
	《中华人民共和国和老挝人民民主共和国关于民事和刑事司法协助的条约》

2."一带一路"背景下中国—东盟涉外法律服务保障机制的困境展现

(1)"一带一路"背景下中国—东盟涉外法律服务保障法律体系不完善

完善的法律体系是中国—东盟合作中涉外法律服务顺利推行的有力保障。中国与东盟诸国合作中涉及领域众多,法律关系纷繁复杂,法律体系存在缺陷直接导致中国—东盟间项目推行不力且我国涉外服务法律工作开展困难。其一,我国有关中国—东盟合作的涉外法律服务立法的位阶较低。我国关于涉外法律服务的法律规则散见于《关于发展涉外法律服务业的意见》等法律规范中,甚至体现于全国律协负责人就《中华全国律师协会关于学习贯彻中央有关会议精神努力为全面深化改革和经济社会发展提供优质高效法律服务的意见》答记者问等。可以说,在中国—东盟涉外法律服务方面尚未形成完整的体系,这导致在实务中对涉外法律服务活动的保障力度不足。与此同时,上述法律规范多属位阶较低的部门规章,法律效力与影响力均较低,上位法与下位法之间的衔接度有待提升。其二,中国—东盟项目进行中国家法与国家法、国内法与国际条约易发生冲突。各国的法律规定均存在一定冲突,各国国内

法与国家法在部分领域也存在不同规定。在中国—东盟涉外法律服务中法律适用冲突对于项目的推行、涉外法律服务的积极性均带来较大困难。

(2)"一带一路"背景下中国—东盟涉外法律服务风险过高

风险的高低是市场主体决定是否进行一项经济行为的主要影响因素。在涉外法律服务过程中,服务风险较高是遏制该行业发展的重要因素。其一,"一带一路"背景下中国—东盟涉外法律服务机构保障体系缺失。东盟国家法律差异大,法律服务成本高昂。全国政协委员、中国贸促会会长姜增伟建议有关部门在实施"一带一路"倡议过程中加大公共法律服务力度,对企业权益保护组织进行政策倾斜,向为中小企业提供法律服务的组织提供专项经费支持,帮助其更好地维护有关企业的权益。[①] 但遗憾的是我国目前尚未建立涉外法律服务机构保护体系,迫使涉外法律服务主体直接面对过高的风险。其二,"一带一路"背景下中国—东盟法律服务合作机制缺失。完善法律服务合作机制,是各成员国推进服务"一带一路"建设的迫切需要。加强法律服务合作,需要各成员国政府的积极推动。[②] 目前我国与东盟诸国尚未构建起国际法律服务合作机制,交流、合作平台的缺失直接导致涉外法律服务工作者面临的困难较多,无异于降低涉外法律服务风险。

(3)"一带一路"背景下中国—东盟涉外法律服务人才水平待提升

高水平的涉外法律服务人才是"一带一路"背景下中国—东盟项目顺利推行的助力。东南亚国家联盟中有10个国家,这对于我国涉外法律服务人员来说是一个不小的挑战。其一,我国涉外法律服务人员对东盟国家的法律规则研究不足。东盟诸国的法律体系庞杂且立法差别较大,但由于"一带一路"涉外法律服务人员准备时间较短、日常工作忙碌,涉外法律服务人员并不能在很短时间内熟知东盟诸多国家的法律规则,这直接给中国—东盟合作中涉外法律服务带来巨大的困难。其二,中国—东盟战略合作中涉外法律服务人才储备机制缺失。目前我国涉外法律服务人员多限于律师、法务人员等,政府机关工作人员及高校学者参与相对较少。律师、法务等工作人员在纠纷处理、合规审查等方面经验丰富,但对于各国风土人情、文化背景、法律习惯等方面则了解不足。中国—东盟合作中涉外法律服务人才储备机制的缺失造成在具体项

---

① 陶海青、姜增伟:《加强"一带一路"建设中的法律服务》,载《人民贸易报》2016年3月8日。

② 吴爱英:《加强法律服务合作,积极为"一带一路"建设提供优质高效法律服务》,载《中国司法》2017年第1期。

目推进中存在一定障碍,降低了我国的涉外法律服务水平。

(4)"一带一路"背景下中国—东盟涉外法律服务争端解决机制不完善

争端解决机制是涉外法律服务的"后期指引"。随着中国—东盟战略合作的推进,国际贸易和投资争议随时可能产生,加之东盟诸国是安全问题多发区,民族、宗教、领土纠纷、资源争夺、毒品、有组织犯罪等问题引起的传统安全与非传统安全威胁层出不穷,国家间的信任度较低①,涉外法律服务争端频发,而解决机制的不完善将削弱国际合作的正效应。其一,中国—东盟战略合作中涉外法律服务中司法协助的范围与程序不明。司法协助主要限于刑事案件,而中国—东盟战略合作中各主体的纠纷多限于经济纠纷,需要司法协助的案件多为民商事案件。但有关立法中并未明确涉外法律服务司法协助的范围与程序,实践中司法协助进行困难。其二,中国—东盟战略合作中涉外法律服务中争端解决方式选择存在冲突。东盟中存在 10 个国家,法律文化各有差别。我国在争端解决方式方面倾向于选择诉讼或仲裁,但其他国家可能更倾向于选择调解或协商。涉外法律服务中各主体争端解决方式的争议将延缓争端解决时间,降低涉外法律服务的质量。

三、"一带一路"背景下中国—东盟涉外法律服务滞困的原因与出路

(一)"一带一路"背景下中国—东盟涉外法律服务滞困的原因分析

1."一带一路"背景下中国—东盟涉外法律服务保障机制构建时间较短

2015 年 3 月 28 日,国家发展改革委、外交部、商务部联合发布了《推动共建丝绸之路经济带和 21 世纪海上丝绸之路的愿景与行动》,昭示着"一带一路"倡议作为国家级顶层战略而正式实施。迄今为止,"一带一路"倡议实施仅仅四年多。虽然我国已在"一带一路"沿线国家实施诸多项目,为沿线国家的经济发展提供了强大的助力,但我国尚未围绕"一带一路"倡议构建完善的保障体系。中国—东盟的合作属于"一带一路"倡议中的"子项目",涉外法律服务水平均有同步性特征。在涉外法律服务领域,我国仅颁行了《关于发展涉外法律服务业的意见》等文件,并且该机制构建时间较短导致相关人员在此领域

① 石佑启、韩永红、向明华等:《"一带一路"法律保障机制研究》,人民出版社 2016 年版,第 196 页。

的探索、准备时间较短,多方面因素共同作用导致中国—东盟涉外法律服务的水平偏低且力度不足。

2."一带一路"背景下中国—东盟涉外法律服务保障机制涉及因素众多

涉外法律服务保障机制涉及我国立法体系、国际法治环境、各国法制习惯、法律人才水平、争端解决方式等多种因素。各因素的缺失或发挥作用不力均将降低涉外法律服务的水平。一方面,"一带一路"背景下中国—东盟涉外法律服务涉及因素众多导致涉外法律服务工作者难以应对复杂的国际经济案件。东盟国家由于历史文化传统、政治制度、法律制度、经济发展等方面的差异较大①,且国家数量众多,涉外法律服务工作者需在短时间内精通多国家、多法系、多方面的涉外法律工作,这无疑给涉外法律服务人员在工作上带来巨大的挑战,甚至降低其工作水平。另一方面,"一带一路"背景下中国—东盟涉外法律服务涉及因素众多导致涉外法律服务风险较大。风险来源于组成因素的不确定性。东盟诸国在政治局势、经济水平、法制习惯等方面均存在不同,涉外法律服务需要多变化因素间调整,因而导致涉外法律服务风险较大。

3."一带一路"中国际法治化程度有待提高

国际法治化程度是我国中国—东盟战略中涉外法律服务的外部法制保障,但目前国际法治体系尚待完善、国际法治环境尚待优化、国际法治协作尚待加强,这无疑给我国中国—东盟涉外法律服务带来许多困难。一方面,中国—东盟战略合作中国际法治化程度的不足为司法协助带来一定困难。中国—东盟战略合作中需在沿线国家经济方面进行深度交流,进而在法治方面需进行多方面协商。但在国际社会中各国间并未进行充分的法律援助,进而降低东盟国家在司法协助方面的积极性与配合度。另一方面,中国—东盟战略合作中国际法治化程度有待提高提升了涉外法律服务人员的工作风险。在涉外经济活动中,法律空白或法律冲突时常发生,此时需参考国际法治中的具体规则或法治习惯,而中国—东盟战略合作中国际法治化程度的不足易导致涉外法律行为的指导缺失,加大涉外法律服务行为的风险。

4.东盟地区甚至国际上经济局势多变

"一带一路"倡议的重要目的之一是拉动古代"丝绸之路"沿线国家的经济发展,但不可否认的是东盟诸国经济发展水平较低,且近年来国际经济局势多变,提升了中国—东盟战略合作中涉外法律服务的难度。一方面,东盟诸国经

① 刘振宇:《努力为"一带一路"建设提供优质高效法律服务》,载《中国司法》2018年第1期。

济水平较低且国际经济局势多变导致涉外法律服务的风险较大。法律服务于经济且经济水平与法治水平一般具有趋同性,经济水平较低的国家法治水平亦较低,即东盟诸国法治发展水平相对较低。这直接导致在涉外经济活动中可能存在法律空白、法律冲突或有法不遵的情形,涉外法律服务风险较大。另一方面,东盟诸国经济水平较低且国际经济局势多变易降低涉外法律服务水平。有序的经济状态是良好的涉外法律服务的必要不充分条件,而东盟诸国的经济水平较低直接制约了有关涉外法律服务水平,甚至遏制了其正常水平的发挥。

(二)“一带一路”背景下中国—东盟涉外法律服务保障机制的出路探索

1.完善中国—东盟战略合作涉外法律服务法律体系

中国—东盟战略合作中完善的涉外服务法律体系是保障我国涉外法律服务活动顺利推行的重要方式。其一,应构建中国—东盟战略合作中涉外法律服务领域较为完善的国内法律体系。党的十八届四中全会明确提出,应适应对外开放不断深化,完善涉外法律法规体系,促进开放型经济新体制的构建,立法机构应加强相应法律法规的供给。在中央立法方面,我国应结合涉外法律服务的发展趋势确定中国—东盟战略合作中涉外法律服务的保障原则及具体保障措施。在地方立法方面,对于《中华人民共和国立法法》第 8 条以外的事项,国家尚未制定法律或行政法规的,各地可以先制定相应的地方性法规。与此同时,对于需要根据各地实际情况作具体规定的事项以及属于地方性事务需要地方性立法的事项,各地可以制定相应的地方性法规,以通过法律体系的完善提升对涉外法律服务的保障度,从而促进中国与东盟之间的经济交流。其二,应构建中国—东盟战略合作中涉外法律服务中国际法律冲突协调机制。我国与东盟国家签订双边或区域投资协定时,可借鉴 WTO 处理其 IMF、世界银行关系的做法,在制定法规政策时,邀请利益相关的其他条约缔约方代表来协商、探讨条约间的相互关系进而在事前避免条约冲突产生的可能性。与此同时,在条约的执行阶段,若发生条约冲突,中国与“一带一路”沿线国应通过条约解释、避免与强行法冲突、条约适用选择等方式缩小条约冲突带来的负面效应,从而为中国—东盟战略合作中涉外法律服务中的冲突提供明确的立法指引,在实践中减少法律冲突,优化中国与东盟间的营商环境。

2.培养中国—东盟战略合作涉外法律服务人才

涉外法律服务人才是中国—东盟战略合作中法律服务的“中坚力量”。面对我国涉外法律人才水平待提升的现实,我国应采取以下措施。其一,提升涉

外法律工作人员对东盟诸国法律规则与法律文化的熟悉度。政府机关、律协等组织应积极举办关于东盟诸国法律规则与法律文化的活动，建立关于东盟诸国法律规则查询平台，为涉外法律服务工作人员熟知沿线国法律提供平台支持。与此同时，涉外法律服务企业应定时自发组织东盟诸国法律政策交流活动，自主提升对沿线国法律规则及文化的了解度。其二，构建东盟诸国涉外法律服务人才储备机制。我国应在政府机关工作人员及高校教师队伍中选拔涉外法律服务经验丰富的人才参与到中国—东盟战略合作涉外法律服务活动中去，提升我国涉外法律服务人员队伍对沿线国风土人情、文化背景、法律习惯方面的熟悉度，从而提升中国—东盟战略合作涉外法律服务人员的整体素养。

3.控制中国—东盟战略合作的服务风险

风险控制是涉外法律服务人员积极性与涉外法律服务活动顺畅度的决定因素之一。对于中国—东盟战略合作中涉外法律服务风险较大的现实，我国应多方面降低其服务风险度。其一，在国内构建涉外法律服务机构保护体系。对于目前从事涉外法律服务且面临多方面风险的市场主体，我国应在财政、税收等方面予以适当支持。例如，设立针对涉外法律服务主体的专项财政支出，对于因从事涉外法律服务而面临亏损风险的市场主体定时给予一定的财政拨款，维护其市场生存能力与涉外法律服务的积极性。同时，对于从事涉外法律服务的市场主体在企业所得税等方面予以一定的税收优惠，减少其市场经营成本。更为重要的是，提升涉外法律服务市场主体的风险抵御能力。我国应由政府部门牵头联合市场主体及各高校研究中国—东盟战略服务涉外法律服务的风险并结合我国经济状态与世界经济发展趋势提出涉外法律服务风险抵御的建议，从而提升我国涉外法律服务市场主体的风险抵御能力。其二，我国应积极在国际上构建涉外法律服务风险控制体系。我国应积极呼吁东盟诸国通过交流、协商等方式探讨出涉外法律服务过程中的风险并构建必要的交流、合作平台，提升国际上涉外法律服务的风险控制体系，从而减小中国—东盟战略合作中的风险。

4.创新中国—东盟战略合作中的争端解决机制

争端解决是中国—东盟战略合作涉外法律服务的“事后保障”。面对涉外法律服务争端解决机制不完善的问题，我国需多途径提升对中国—东盟战略合作涉外法律服务活动的保障力度。其一，明确中国—东盟战略合作涉外法律服务司法协助的范围与程序。中国—东盟战略合作中各国间的司法协助范围不应限于刑事领域，也应扩展至民商事领域，通过“一带一路”沿线国在涉外法律多领域的合作促进沿线经济的共同发展。与此同时,明确"一带一路"倡议中涉外法律服务司法协助的程序。我国应积极与沿线国家在司法协助的具体程序方面达成一致,确保中国—东盟战略合作中各国间经济纠纷的顺利解决。其二,提升中国—东盟战略合作中争端解决方式选择的灵活度。在具体涉外纠纷发生时,我国涉外法律服务工作者应加强与纠纷方的沟通,选择双方都可以接受的纠纷解决方式并加以快速、和谐解决,避免因经济纠纷而降低中国—东盟战略合作应有的经济效应。与此同时,我国涉外法律工作人员应加强对涉外经济纠纷的多方处理能力,在具体纠纷解决中可具备必要的法律素养,从而推动中国—东盟战略合作中争端的快速解决。

"一带一路"建设中境外留学人员权益保障机制研究*

宋云博** 霍 晨***

摘 要:随着"一带一路"建设的稳步发展,我国境外留学人员也随之增多。但由于"一带一路"沿线国家的政治经济、宗教文化和社会传统等存在较大差异,加之境外留学人员自身素质等问题,导致境外留学人员的正当权益受到一定威胁和侵害。为此,应当密切关注境外留学人员动态,发掘其权益内涵,厘清其受侵害缘由,并创新完善相应国内立法和国际条约、强化境外留学人员领事外交保护和服务保障措施、提升境外留学人员自身安全意识、促进境外教育机构的改进管理质量及治理措施,以及优化多元化争端解决机制等一系列措施和途径,以更好解决该种矛盾及现实困境。

关键词:"一带一路";境外留学人员;正当权益;保障机制

"一带一路"建设充分依靠中国与有关国家既有的双多边机制,借助既有的、行之有效的区域合作平台,积极发展与沿线国家的经济合作伙伴关系,共同打造政治互信、经济融合、文化包容的利益共同体、命运共同体和责任共同体。党的十九大报告指出,我国教育总体水平已经进入世界中上行列,成为世界最大留学生输出国和世界第三、亚洲最大的留学目的地国。我国与180多

---

* 本文系国家社科基金项目"'一带一路'沿线国家中国公民权益保障法制供给研究"(18BFX216)和2019年度第一批国际化人文特色智库项目"国家海外公民安全的国际法保障研究"(2019XZGJHZK-23)研究成果之一。

** 宋云博,法学博士,西南政法大学副教授、研究生导师,重庆市中国特色社会主义理论体系研究中心研究员,中国—东盟法律研究中心副秘书长、研究员,海洋与自然资源法研究中心等研究员。主要研究方向为国际法治理论及实践。

*** 霍晨,西南政法大学2017级国际法学硕士研究生,法国艾克斯马赛第三大学欧盟商法硕士研究生。主要研究方向为国际法学、国际投资法。

个国家和地区建立了教育合作关系，与 47 个国家和地区签订了学历学位互认协议，与 46 个重要国际组织开展了教育合作与交流。然而，从国际层面上来看，还没有统一的境外留学人员权益保护的统一机制。这就需要我们通过相关的国内法规范以及国际协议的签订，做到最大限度的境外留学人员权益的规制与保护。2016 年 4 月，中共中央办公厅、国务院办公厅印发的《关于做好新时期教育对外开放工作的若干意见》强调：要坚持“围绕中心、服务大局，以我为主、兼容并蓄，提升水平、内涵发展，平等合作、保障安全”的工作原则。到 2020 年，我国出国留学服务体系基本健全，双边多边教育合作广度和深度有效拓展，参与教育领域国际规则制定能力大幅提升，教育对外开放规范化、法治化水平显著提高，更好满足人民群众多样化、高质量教育需求，更好服务经济社会发展全局。此外，2017 年 12 月 21 日，中共中央办公厅、国务院办公厅专门印发《关于加强和改进中外人文交流工作的若干意见》指出：加强和改进中外人文交流工作要以服务国家改革发展和对外战略为根本，以促进中外民心相通和文明互鉴为宗旨，创新高级别人文交流机制，改革各领域人文交流内容、形式、工作机制，将人文交流与合作理念融入对外交往的各个领域。

一、“一带一路”建设中境外留学人员的发展现状

“一带一路”建设中，由于对外贸型人才以及复合型人才的需求，我国制定了相关政策旨在鼓励出国留学，如关于政协十二届全国委员会第五次会议第 3479 号(统战政协类 056 号)提案答复函中就提道：留学作为对外开放和教育合作交流的重要组成部分，在促进我国与“一带一路”沿线国家“民心相通”，为“五通三同”提供人才支撑方面具有不可替代的重要作用。为配合“一带一路”倡议，教育部采取了多项举措，大力发展留学事业，扩大双向留学规模，充分发挥留学人员在“一带一路”建设中的桥梁纽带作用。主要通过以下几种途径：一是发挥公派出国留学的引导示范作用，鼓励更多国内优秀青年赴沿线国家学习和交流，加大“一带一路”沿线国家非通用语种人才和国别与区域研究人才培养力度；二是以中国政府奖学金为引领，继续扩大沿线国家来华留学生规模；三是扩大我国与“一带一路”国家政府间学历学位互认，支持大学间的教师互派、学生互换、学分互认和学位互授联授。此外，在促进我国与沿线国家双向留学的同时，教育部还积极支持沿线国家的华侨子女回国就读，增强新一代华侨的祖国认同感，传播中华文化。根据代表的建议，下一阶段，教育部将继续做好留学工作，加强顶层设计，积极推动双向留学，同时重视鼓励华人华侨

子女回国学习,发挥华人华侨在促进来华留学吸引力和影响力方面的作用,为促进我国与沿线国家民心相通、提升国家人文交流软实力作出积极贡献。还有诸如关于政协十二届全国委员会第五次会议第 0568 号(教育类 058 号)提案答复的函(摘要),关于政协十二届全国委员会第五次会议第 2079 号(文化宣传类 127 号)提案答复的函(摘要)等文件中都体现了鼓励出国留学的精神。

当今全球合作是时代的主题,习近平主席就任不久也提出了构建人类命运共同体的观点。构建人类命运共同体亦是全球治理体系变革追求的目标,世界各国的历史、文化和经济等发展的差异性决定世界没有可适用于各国发展的统一制度模式,各国发展的非均衡性导致了各国国家制度、意识形态等呈现出多元化的特征,各国应当找到适合自己发展的道路。但是,各国的发展必然离不开与他国合作。人类社会必然存在某种共同利益,而且这种共同利益随着全球化进程的不断加深、人类不断同质化而日益增长。全球治理就是为了维护人类的共同利益,实现人类的共同福祉,打造人类命运共同体。[①] 而人才的交流是实现人类命运共同体的重要途径,所以,出国留学更是时代与社会的需要。

随着各项文件的大力支持以及对于出国留学事宜的鼓励,出国留学的人数也急剧上升。根据教育部的官方网站统计:2016 年度我国出国留学人员总数为 54.45 万人,其中国家公派 3 万人、单位公派 1.63 万人、自费留学 49.82 万人。与 2015 年度的统计数据相比较,2016 年出国留学人数增加 2.08 万人,增长了 3.97%。

所以,从宏观层面来看,"一带一路"建设中,我国境外留学趋势是日益上升的,并且在绝对数量上,也是日益增加的,但同时在境外留学生留学期间,也发生了不同程度、不同种类的侵犯留学生权益的事件,这就需要我们对境外留学生权益的保护更加重视。

二、"一带一路"建设中境外留学人员的主要权益内容

法律制度作为人类社会的重要规范形式之一,其相互之间存在着一定的共同之处,法律规范体系中所隐含的法律价值具有一定的普适性。[②] 但是当

① 教育部中外人文交流及教育涉外法律研究中心建设发展规划方案。

② 石文龙:《论我国基本权利限制制度的发展——我国〈宪法〉第 51 条与德国〈基本法〉第 19 条之比较》,载《比较法研究》2014 年第 5 期。

今各国对于境外留学人员的权益内容的标准没有统一的规定,所以按照通常的权益划分,主要以"人身权益"和"财产权益"两方面进行划分。所以,境外留学人员的权益内容主要从"人身权益"和"财产权益"两方面进行论述。

(一)"一带一路"建设中境外留学人员的财产权益

财产权益是指境外留学人员的私人财产不受侵犯的权益。由于境外留学人员在留学期间会带有现金等,容易受到当地不法分子的侵犯,如盗窃或是抢劫等,但是由于该项权益不是本文的讨论重点,此处不再赘述。

(二)"一带一路"建设中境外留学人员的人身权益

人身权益是与人身、人格相关的非财产内容的权益。一般来说,它主要包括生命、健康、人身自由、性自主、婚姻自由、人格尊严、姓名、肖像、名誉和荣誉、个人秘密等权益。鉴于国际学术界和中国学术界对人身权益的概念和内容一直有着不同见解,这里有必要对"一带一路"建设中境外留学人员的人身权益内容进行阐释。[①]

1.生命权、健康权。这两项权益主要是以"身体或生命作为对象"的权益。健康权是指境外留学生享有的保证其身体各器官系统发育良好,功能正常,并使自己体质健壮,精力充沛的权益。境外留学人员在国外由于环境的差异以及各国法制的差异,所以很大程度上会侵犯到境外留学生的健康权。生命权是指保证境外留学生生命不被侵害的权益,境外留学人员可能由于当地治安问题或是其他社会问题,导致其生命权受到侵害,生命权作为人最基本的权益,需要受到最大限度的保护。

2.人身自由权。人身自由权是指行为主体自主决定支配自身起居、行动的自由权益。如果一个人只拥有生命和健康而无人身自由,便无法独立自主地支配自己的身体和行动,从而也就谈不上享有法律规定的其他权益。这种人充其量只是奴隶或囚犯。境外留学人员在境外可能由于绑架或者各种犯罪而使其丧失人身自由,所以,对其人身保护是有必要的。

---

① 《世界人权宣言》(1948)、《公民权利、政治权利国际公约》(1966)没有使用一般意义上的"人身权利"(personal rights)概念,只是从具体的方面加以陈述和强调。如前者第3条、第4条、第5条、第12条、第16条以及后者第6条至第11条,均是如此。中国现行宪法只使用了"人身自由"概念(第37条),未使用"人身权利"概念;中国现行刑法使用了"人身权利"概念(第10条),但对于"人身权利"的内涵和外延有不同的解释。

3.人格尊严权。人格尊严权是指权益主体所享有的身体和精神方面应有的社会的尊重。它作为人身权的一部分得到法律的肯定，是为了在保障权益主体免受生物学意义上损害的同时，保障其免受社会心理和精神方面的伤害。心理和精神方面的伤害往往导致权益主体产生抑郁、恐惧、悲伤、愤怒、焦虑、沮丧、绝望等心情。这种心情的发展，会导致权益人生理功能紊乱，造成其社会活动能力降低；严重者可能会精神错乱，进而导致丧失行为能力。人格尊严权得到法律的肯定，是人类社会文明进步的重要标志。依照法律规定，破坏他人名誉，诽谤、诬告陷害等行为均属侵犯人格尊严权。由于文化的差异以及制度差异，境外留学人员也会受到人格尊严的侵犯。

以上四项权益是境外留学人员最容易被侵犯到的人身权益，由于近些年各种侵犯境外留学人员安全的事件时有发生，所以以这四项权益为基础的人身安全更是受到了各方的关注。[①]

三、境外留学人员利益受侵害的主要原因分析

现在中国境外留学人员的海外安全利益的表现形态越来越多元，一般分为传统和非传统两种。传统安全领域问题主要指战争、武装冲突或两国政治危机而导致的威胁。对于在海外的留学生群体而言，传统安全威胁既有定居国的安全环境对其人身和财产的影响，也包括中国与外国政治、外交、军事冲突而导致的风险。由于非传统威胁的时间突发性、起因的人为性、手段和方法的无常性、应对和防范的困难性等特点，非传统安全威胁（如海盗、恐怖袭击、甲型 H1N1 流感，还有诸如地震、海啸等自然灾害）是中国留学生海外安全中最突出的风险。综合分析近年来中国境外留学人员的安全恶化状况，以下是其人身和财产安全受威胁的主要表现。

（一）不同意识形态冲突导致的民事伤害案件

中国留学生走出国门，去不同的国家进行更深入的学习，这就会接触到不同国家意识形态的差异问题，在“一带一路”建设中，沿线国家在意识形态上也具有一定的差异，我们需要用正确的态度来处理意识形态的差异。但是在以往的中国境外留学人员的经历中，由于意识形态的差异，导致的正面冲突事件也是层出不穷，如 2013 年 6 月 14 日，6 名中国留学生在法国西部吉伦特省遭

① 刘海年：《中国法律关于人身权利的保障》，载《中国社会科学》1996 年第 4 期。

到了当地不良青年袭击,其中一人伤势严重。法国内政部长瓦尔斯 15 日发布新闻公报称此次袭击事件属于“排外行为”。

(二)自然灾害等不可抗力

不同国家因为地理环境的原因,会产生很多当地的自然灾害,这对于境外留学人员来说,无疑是一个巨大的潜在威胁。比如,火山爆发、地震、飓风、瘟疫等,破坏力强,伤害面积大。“一带一路”沿线国家因为地理差异巨大,部分也是自然灾害多发国家,所以更需要我们关注这些方面。在这些自然灾害中,虽然没有出现中国留学生大的伤亡事件,但在一些火灾、交通事故等人为灾害中,中国留学生却遭遇了生死劫难。比如 2003 年 11 月 22 日发生的莫斯科友谊大学宿舍楼大火,40 多名中国留学生被烧伤,11 人罹难;2005 年 9 月 13 日澳大利亚新南威尔斯大学香港学生 Leo Wong 在学成归国的前夕葬身火海。

(三)境外留学人员自身安全意识淡薄

由于中国境外留学人员自身安全防范意识淡薄,防卫能力欠缺,容易成为刑事犯罪的侵袭目标。即使是在比利时、瑞士、德国、新西兰等治安状况良好的国家,携带大量现金,也容易成为抢劫、绑架、盗窃犯罪的目标;有些留学生经常出入酒吧、歌厅、夜总会等容易滋生是非的场所,招致祸患。比如 2010 年 5 月,在美国法拉盛留学的黑龙江女生姚某,在返回住处途中,遭到了醉酒的克鲁斯奸杀。

除了境外留学人员自身安全意识淡薄外,有部分境外留学人员漠视当地的法律法规。比如 2010 年 1 月,一名中国留学生未经安检进入美国新泽西州国际机场安全区域送别女友,导致航站楼关闭,大量旅客滞留。又如,2018 年 3 月 21 日,意大利发生两名中国留学生被殴打事件。

(四)境外留学人员心理素质问题

由于这一代主要以独生子女为主,所以具有很强的个性,但是在留学海外期间,因为海外文化背景等的差异以及受到语言、生活习惯等方面的限制,很难交到朋友,进入不了当地的生活圈子,无法为自己营造一个有保护作用的社交圈。他们长期以自我为中心,难以客观地认清自己在社会中的地位和作用,在与他人的交往中,往往表现得过于敏感或处理不当。由于承受力差,由心理问题引发的事件在不断增多,如 2012 年 3 月 10 日,一位在法国波尔多第三大学就读的中国留学生郭某就因不堪学业重负,突发疾病在宿舍死亡。留学生

心理问题的另一个表征就是男女感情问题,目前也成为威胁境外留学人员安全的一个重要因素。留学生在国外,身处陌生孤独环境,很容易寄托感情,产生"共患难"的同伴情结。在这种情况下,倘若任何一方发生感情天平倾斜均可能引发对方不同程度的心态失衡,最终导致不可收拾的后果。比如2005年年初,一个中国留学生在前往伊尔梅瑙市看望女友时,与另一男同学发生冲突,后用刀将对方刺伤。据说冲突的原因就是因为感情问题。

(五)国外学校教育及质量存在一定问题和隐患

最近几年由于中国留学生学校自身的不安全因素而诱发的突发事件也开始出现。由于跨境教育存在着巨大的利润,一些以牟利为目的的私立学校,在合理回报,获取盈余的幌子下,大量招收国际学生,学校经费主要来自海外学生的学费,为了降低办学成本,不惜牺牲学生利益,甚至将大量学费转作其他投资,一旦投资失败或资金链断裂,就会突然倒闭破产,给学生带来巨大损失。这些办学机构往往是在没有得到国家权威认证机构认证的情况下,授予欺诈性的或毫无价值学位的学校,常被人们称为"野鸡大学"。他们为了能招收到更多的外国留学生,往往通过虚假广告来骗取学生和家长的信任。有的故意模糊国外学校性质和资质,明明没有学历学位的授予权,却以某某正规大学的"分校""分部"的名义招生。有些还堂而皇之地冠以"国际""国家""太平洋"等大头衔,如加州美国大学、斯坦福国际大学、太平洋中央学校之类的学校,许多学生和家长对美国学校情况并不熟悉,从而很容易上当受骗。又如2005年9月新加坡两所私立学校(新加坡澳洲理工学院和新加坡澳洲理工大学)宣布,因流动资金不足而倒闭。这两所学校共有学生900余名,其中中国学生424名,这些学生最后不得不被转往其他院校。[①]

四、维护境外留学人员正当权益的途径与保障体系分析

境外留学人员因为各种客观因素,如意识形态冲突、自然灾害、自身条件限制等,使这一群体在海外容易遭受侵害,如果寻求我国的法律救济,可能无法做到最大的即时性,所以,需要我们探索出境外留学人员安全利益维护的相应的保障体系。

① 李涛:《中国海外留学生群体安全利益的维护》,载《学术探索》2013年第9期。

(一)制定完善相关的国内法律规范

目前为止,对于境外留学人员这一特定的对象,我国还没有相应的法律规范去维护他们的合法权益,而只是基于现有的法律法规,如《中华人民共和国民法总则》以及相应的国际法规范,从而维护我国境外留学人员相应的合法权益,在现有的相关法律规范的基础上,我们可以去探讨在相应的法律部门中规定以我国境外留学人员作为对象进行权益维护的法律规范,从而更好地维护我国境外留学人员的合法权益。

在这方面可以借鉴相关国家对于其境外留学人员的国内法保护。例如,澳洲联邦政府于 2016 年颁布了境外留学人员教育服务(ESOS)法案,从而保障境外留学人员的多方面权益。新法案既涵盖金融保护服务,也包括学生的工作权益、学生福利以及投诉服务等。首先,通过保障境外留学人员的知情权从而保障其合法权益。ESOS 法案建议,希望通过教育中介申请学校的留学生,应当选择相应的中介机构,而一系列教育中介的名单可以在网上进行查询。据规定,留学中介必须给留学生正确的课程建议,其中包括入学要求以及要在澳洲居住的必要信息。[①] 其次,通过增加留学生的支付途径,从而为境外留学人员提供方便。除中介机构外,澳洲教育机构的行为也受到了法律约束。根据澳洲法律,教育机构必须与境外留学人员签署一份书面协议,从而列出他们会提供的各项服务、要求留学生支付的各项费用,以及在必要的情况下返还费用的各项条件等。自 2015 年 12 月起,更改后的澳洲法律赋予境外留学人员更多支付费用的选择。此前,留学生在开始课程之前缴纳的学费不能超过总额的 50%。如今,留学生已经可以在课程开始前支付半数以上的学费了,而这种提前缴费的方式可以避免货币汇率的大幅波动。再如,新西兰工党政府于 2018 年宣布将启动对移民和国际学生遭受不平等对待的调查,增强对留学生及移民的工作权益保护,旨在让新西兰成为留学生学习和工作的绝佳目的地。新西兰移民部长 Iain Lees-Galloway 表示,"我们正在努力消除工作场所对国际学生的剥削行为。我们希望在公众的认知里,将新西兰视为一个维护劳动者权益、让移民安居乐业的国家"。因此,政府希望为移民和留学生提供一个可以倾诉及寻求帮助的平台。早在竞选总理之时,Jacinda Ardern 便已承诺在教育方面给予更多投入,其中包括她提出的在 2024 年前实现免除新

---

① Australian Education International 2005, Evaluation of the Education Services for Overseas Students Act 2000.

西兰大学生三年学费的承诺以及为领取津贴的学生每周增加 50 纽币的补贴。在保障留学生权益的同时，新西兰还致力于提升针对留学生的服务政策。近日，该国推出了新的留学生接待及入学培训项目，与此前的新西兰移民局的“欢迎社区”试点项目相结合，面向所有在新留学生，旨在帮助刚刚定居到新西兰的学生及移民适应新生活，寻求归属感。陶朗加教育局（Education Tauranga）地区经理 Anne Young 表示，“我们积极地营造一个温馨包容的社会环境，希望新来者积极建立其社会关系、参与社会活动，而这也将为我们的社区带来积极的社会、经济和文化”。因此，陶朗加教育局积极承担了为陶朗加和西部海湾地区留学生举办接待活动的任务。Young 女士介绍，目前已有 150 个新家庭和留学生加入接待计划中，另一项新的计划也正在筹备中，并择机推出。

（二）完善境外留学人员社会服务保障体系

完善境外留学人员社会服务保障体系需要整合，而整合社会保障体系需要纳入全面深化改革中统筹考量，同步推进。[①] 中外院校间国际合作不仅是高校实现教育国际化的重要途径，也为学生的国际流动提供了更多的交流机会。[②] 目前，许多中国高校和国外院校建立了合作交流项目，其中涉及学生国际流动的项目主要包括中外合作办学项目和交换、交流学生项目。从防范学生国际流动风险角度来看，这种院校合作交流通常是在相互信任、相互了解的基础上建立的合作关系，学生之间的交流不仅有协议保障，而且双方都有专门的机构负责对学生的选拔和考核，在学生流动过程中如果遇到问题也能得到及时的帮助和解决。[③] 此外，良好的综合素质是留学生在国外健康地学习、生活、顺利完成学业的重要基础，也是应对各种风险的有效保证。因此，我们必须转变中国现行的教育制度和教育理念，强化素质教育，培养学生的创新精神和实践能力，以便使学生能够适应国外的教学方式，顺利完成学业。

（三）健全境外留学人员社会服务体系

留学信息是学生及家长作出科学、理性的留学决策的重要依据。解决学

---

① 孙淑云：《社会保障体系“分化”与“整合”的逻辑》，载《理论探索》2015 年第 1 期。

② Conrad Phillip Kottak, *Windows on Humanity*, McGraw Hill, New York, 2005.

③ David woodhouse, Quality and Quality Assurance, from OECD, Quality and Internationalization in Higher Education.

生国际流动中的信息不对称问题,是有效预防和减少流动过程中各种风险的关键所在。因此,既要最大限度地增加准确信息的供应量,也要最大限度地减少虚假信息的出现,两者相辅相成、互为制约。加强对网络等媒体的信息管理就尤为重要,首先对网络虚假不实的广告要依据相关法律来进行严厉打击。其次,作为政府部门,要主动占领网络阵地,发布权威、真实、可靠的留学信息,维护广大留学生的根本利益。目前,教育部留学服务中心建立了教育涉外监管信息网,信息网包含各种留学政策法规、重要动态、留学预警、热点问答、名单公布、投诉举报、典型案例等,以便广大学生和家长通过网络的方式来咨询和了解涉外教育方面的信息。通过网站公布与留学中介工作相关的各种信息,引导广大求学者及其家人谨慎选择国外院校和委托代理的中介机构,提高广大求学者维护自身权益的意识和能力。

(四)强化境外留学人员领事外交保护机制

所谓领事保护,是指派遣国的外交、领事机关或领事官员,根据本国的国家利益和对外政策,在国际法允许的范围内,接收国保护派遣国的国家利益、本国公民和法人的合法权益的行为。中国政府在各国的领事馆代表了中华人民共和国行使对中国公民的生命财产安全的保护,对于在海外留学的学子来说,领事馆是最安全的避风港。[①] 目前,中国在外国共设立了 86 个领事保护专门机构,包括总领事馆、领事馆和领事办公室,加上其他外交机构(驻外使馆和团、处)总共有 200 多个,中国同外国签订的领事条约、互免签证协定等约有 140 个。各驻外使、领馆也根据驻在国的形势收集各国政治、经济、法律、交通以及社会治安等情况,发布各类安全警示信息。所以,当中国留学生在国外受到不法侵害,或遇到学习生活等困难时,首先应向中国驻外使、领馆寻求保护和支持。

(五)创新建构多元化的争端解决机制

对国际争端的不同认识直接影响着国际争端的解决方法,尤其在争端的分类方法中,颇受争议的是将国际争端分为政治争端和法律争端的观点,因为这种观点往往导出这样的结论,政治争端只能用政治手段来解决,法律争端只能用法律手段来解决,然而,国际法院在其判例中明确指出,根本就不存在政

---

① 曹云华、李昌新:《论国家利益的国际拓展》,载《广东外语外贸大学学报》2004 年第 4 期。

治问题的法律原则。事实上,所有的国际争端都含有政治因素,所以,不能在解决国际争端中将政治和法律简单地剥离开。面对现实中复杂多样的各种国际争端,国际社会,特别是一些地区正在积极探索把各种解决手段结合起来加以灵活运用的新型争端解决机制。

综观当今世界多元化争端解决方法(谈判、协商、调查、仲裁和司法解决)更倾向于结合起来适用,以达到互相补充,特别是第三方解决方法很好地补充了直接谈判的不足。“一带一路”作为我国现有的重要倡议,其涉及的65个国家与中国在地缘上具有一定的关联性,从地理位置的角度来说,这些国家大多附于中国周围,所以,这更好地为我们与沿线国家双边协定的签订提供了良好的契机与条件。在双边条约缔结时,应当注重对我国境外留学人员权益的保护,包括财产权益以及人身权益。同时,应当在相应的双边条约中提出争端解决措施,以及对境外留学人员人权保护的倾斜。在“一带一路”沿线国家也应该加强意识,特别是对境外留学人员人身安全的保护。

总而言之,国之交在于民相亲,民相亲在于心相通。人类命运共同体倡导的各国互联互通,关键在民心相通。只有民心相通,才能一通百通。教育对外开放和中外人文交流是民心工程、未来工程,是促进民心相通的“播种机”。中外人文交流要为人类命运共同体建设强基固本、铺路架桥。在落实服务保障境外留学人员正当权益和推动构建人类命运共同体的基本方略中,要以“一带一路”建设为重点,以《推进共建“一带一路”教育行动》为抓手,不断扩大教育对外开放和健全中外人文交流机制,切实保障境外留学人员的正当权益,才能让中国教育开放的大门越开越大,世界人文交流的大路越走越宽。

专题二

中国—东盟区域相关问题

东盟共同体在南海政策一体化的影响及我国对策*

杨丽艳**

摘　要:基于为中国与东盟南海声索国之间的南海问题提供一个长治久安的解决方式,本文从历史角度、法律文本角度分析了由东盟政治安全共同体(APSC)、东盟经济共同体(AEC)以及东盟社会文化共同体(ASCC)构成的东盟共同体。强调基于东盟宪章及东盟三个共同体的系列法律文件指导下,东盟共同体的一体化有了长足的发展:表现在政治(包括对外关系)、经济和社会、文化等方面。当然也包括南海在内的地区安全的一体化的政策及法律,这些政策和法律突出了东盟共同体在南海问题上的机构、法律文件以及争端解决机制的一体化特点。对此,我国应该重视东盟在南海问题上的一体化表现,主动提出与东盟共同体合作的建议,建立南海国际经济合作机制,或将南海合作纳入中国—东盟FTA的升级版的建设以及结合"一带一路"倡议来考虑南海的合作。以此带来区域的长久安全、福利均惠以及展示中国的区域国际治理能力。

关键词:东盟共同体;区域一体化;南海争端;海洋开发;国际合作

引　言

2013年1月22日,菲律宾援引《联合国海洋法公约》(以下简称《公约》)第287条和附件七的规定,单方面将中菲在南海有关领土和海洋划界的争议包装为若干单独的《公约》解释或适用问题提起仲裁。2013年2月19日,中

* 本文系西南政法大学国际法学院院级项目(33113204002),教育部重大课题"南海地区安全合作机制研究"(15JZD036)子课题"中国—东盟框架下的南海安全合作问题"的成果之一。

** 杨丽艳,西南政法大学国际法学院教授,中国法学会中国—东盟法律研究中心研究员。

国政府明确拒绝菲律宾的仲裁请求。应菲律宾单方面请求建立的仲裁庭(以下简称"仲裁庭")不顾对中菲南海有关争议明显没有管辖权的事实,执意推进仲裁,于2015年10月29日就管辖权和可受理性问题作出裁决(以下简称"管辖权裁决"),并于2016年7月12日就实体问题以及剩余管辖权和可受理性问题作出裁决(以下简称"最终裁决")。虽然只是菲律宾就南海提起仲裁,但是开启了包括南海声索国在内东盟的集体关注。在这场关注里,我国坚持以谈判和协商的方式和平解决领土主权和海洋划界争端,采取了双规制接触方式,即一方面与南海声索国的东盟成员国接触,同时也开始了与东盟的接触。值得一提的是,我国与东盟接触是基于这样的情形:东盟作为一个区域组织是以一个声音一个中心的面目出现的,这与以往中国强调只与声索国谈判有所区别,也有一定不足,如在合作谈判中应该考虑正在深化的东盟一体化,这可以充分利用东盟本身的合作基础,也是适合东盟一体化的现实;同时,也利于中国与东盟在南海的深度合作,对于双方的深度合作,笔者认为是非常必要、非常重要的,它可以成为南海长治久安的机制。而目前状况是,人们更多的是关注南海的区域安全、航行自由等基本选项等合作,尚未考虑南海的其他相关深层系列问题,而深层的合作却是南海最主要的争议点,如海洋各种资源、领土边界、海洋环境和科学研究等,除此之外采用什么机制是有效的深层合作机制也是非常重要的。基于此,笔者认为很有必要在这方面进行研究。本文中,笔者从历史角度和条约文本角度的研究路径对东盟进行了研究和阐述,认为东盟从1967年建立以来,一体化程度逐渐加深,从地区安全到区域经济合作乃至于社会文化等方面的一体化,区域组织的法律文件、硬法和软法方式一起使用,使得东盟目前达到了其设计的开启三个共同体建设的目的。东盟的一体化进程研究是值得重视的,它会有助于与中国的合作:无论是与中国的南海谈判及合作还是海上丝绸之路的其他互联互通、经济合作。因为这可以节省包括精力和时间的谈判成本,也可以节约合作的政策和法律实施成本,共同推进中国与东盟的深度合作,从而达到东亚地区的长治久安。

依据东盟所颁发的相关法律文件①,东盟于2015年年底开始建立东盟共

① Each pillar has its own Blueprint, and, together with the Initiative for ASEAN Integration (IAI) Strategic Framework and IAI Work Plan Phase II (2009—2015), they form the Roadmap for an ASEAN Community 2009—2015. http://asean.org/asean-political-security-community/;http://asean.org/asean/asean-charter/,最后访问日期:2017年7月17日。

同体。自此，东盟共同体开启了东盟深入一体化(deeper integration)发展的进程，它的影响随着其一体化的深入实施逐渐对周边、东亚乃至于亚洲其他等地发生了越来越重要的影响。对于它的启动、法律基础、预期目标以及一体化的内容的研究是必须的，因为与一个国家的交往和与一个封闭性区域国际组织的交往是完全不一样的。我国既是东盟共同体的一衣带水的近邻，又是紧密的经济贸易伙伴，现实意义极为明显而重要。

一、东盟共同体的建立及其一体化的发展

(一)东盟共同体的建立

东盟共同体的开启是基于东盟的法律基础和组织基础。

东盟(The Association of Southeast Asian Nations, ASEAN)是一个封闭性区域性组织。1967 年，在 5 个东南亚国家的努力下，以《曼谷宣言》的签署作为成立标志。[①] 从此，开启了东盟五个发展阶段。[②] 东盟建立时为冷战期间，大国在东南亚的角逐，带来了不安全感，因此东盟五国建立区域组织最主要的目的是抱团卫安全，实质性合作并不多。但是自 1989 年冷战结束后的 30 年里，东盟紧跟世界经济一体化的步伐，在其内部采取了一系列经济一体化的政策和法律措施，同时在外交、军事、政治等方面也有东盟区域组织的方针、政策和规则，并取得了一定的成效。2003 年以后，东盟进入了全面一体化的加速发展阶段，即准备开启东盟共同体的建设：2003 年的第九届东盟峰会上，成员国的领导们表决应该推进东盟一体化，建立东盟共同体(ASEAN Community)；2007 年第十二届东盟峰会上各国领导再次肯定要加速东盟共同体的建立，并且将时间表明确写在了塞布宣言(the Cebu Declaration)里，确定建立的时间为 2015 年 12 月 31 日。经过 1967 年到 2007 年的发展积淀，尤其是经过了 2003 年到 2007 年的特别准备，东盟为东盟共同体的建立提供了

① 当时五个国家为印度尼西亚、马来西亚、菲律宾、新加坡和泰国，他们也被合称为东盟建立之父。ABOUT ASEAN: ESTABLISHMENT，http://www.asean.org/asean/a-bout-asean，最后访问日期：2017 年 1 月 20 日。

② 1967—1975 年初步发展时期，1976—1991 年东盟一体化开始阶段，1992—1997 年东盟进入经济一体化快速发展时期，1997—2003 年金融危机减速恢复时期，以及 2003 年至今五个阶段，东盟进入了全面一体化快速发展阶段。杨丽艳：《东盟的法律和政策与现代国际法》，广西师范大学出版社 2000 年版，第 5～6 页。

包括政治与安全方面的条约15个、经济方面的条约25个、社会和文化条约3个[①],以及12个重要的组织机构。[②] 这些条约和机构为东盟共同体的建立奠定了法律基础、组织基础,也为东盟共同体铺平了顺利运作的道路。

(二)东盟共同体的构成及一体化表现

借助国际条约、国际组织机制,东盟开始了法制、法治化的东盟共同体建设。首先,借助国际条约以条约的形式确立了东盟组织的宪章(The ASEAN Charter)以及其他重要基本文件,签署了大量法律文书(legal instruments)等[③],具体到东盟共同体,则是设计了三大支柱(three pillars)作为基本构成:东盟政治安全共同体(the ASEAN Political-Security Community, APSC)、东盟经济共同体(ASEAN Economic Community, AEC)以及东盟社会文化共同体(ASEAN Socio-Cultural Community, ASCC)。对于每个支柱东盟签署了实现它们的发展蓝图(blueprint),与东盟一体化战略框架倡议[the Initiative for ASEAN Integration (IAI) Strategic Framework]以及东盟一体化倡议工作计划阶段[IAI Work Plan Phase II (2009—2015)]一起,构成了东盟共同体(2009—2015)的路线图,这些文件同时也是各成员国必须签署的条约。

其次,借助国际组织机制,向深度一体化(deep integration)发展,即三个共同体涉及了政治安全、经济以及社会和文化,在一个具有十个成员国,政治、

---

① Jean-Claued Piris, Walter Woon, *Towards a Rules-Based Community: An ASEANL Legal Service*.UK: Cambridge University Press, 2015, pp.191-193.

② 东盟峰会(ASEAN Summit)、东盟协调理事会(ASEAN Coordinating Council)、东盟共同体理事会(ASEAN Community Councils)、东盟各部门部长机构(ASEAN Sectoral Ministerial Bodies)、常驻代表委员会(Committee of Permanent Representatives)、国家秘书处(National Secretariats)、在第三国和国际组织的东盟委员会(ASEAN Committees in Third Countries and International Organizations, ACTCs)、东盟主席(ASEAN Chair)、东盟秘书处(ASEAN Secretariat)、东盟基金(ASEAN Foundation)、东盟人权机构(ASEAN Human Rights Body), https://asean.org/asean/asean-structure/,最后访问日期:2018年11月8日。在《东盟宪章》里也明确规定:《ASREAN CHART》CHAPTER IV ORGANS, Art. 7-15. https://www. asean. org/wp-content/uploads/2012/05/11.-October-2015-The-ASEAN-Charter-18th-Reprint-Amended-updated-on-05_-April-2016-IJP. pdf,最后访问日期:2018年11月11日。

③ ASEAN Legal Instruments, http://agreement. asean. org/explanatory/show. html,最后访问日期:2017年7月20日。

经济、文化以及宗教多元的背景下，以国际组织的机制将十国整合为一个区域组织。根据上述路线图的文件，具体而言，以明确的价值取向、操作性强的具体措施和准确的时间表等促进三个共同体的发展：

东盟政治安全共同体(APSC)。[①] 强调三个主要的原则或者三个特性：一是价值和规则分享的以规则为导向的共同体(A Rules-based Community of Shared Values and Norms)；二是一个有凝聚力地、和平地共同分担全面安全的责任(A Cohesive，Peaceful and Resilent Regionwith Shared Responsibility for Comprehensive Security)；三是一个在日益一体化和相互依存的世界里成为一个动态和外向型地区(A Dynamicand Outward-looking Regionin AnIncreasingly Integrated and Interdependent World)。[②]

东盟经济共同体(ASEAN Economic Community，AEC)。[③] 经济一体化是东盟合作的第一重要支柱，也是东盟一体化程度最深广的领域。东盟经济共同体的目标是建设东盟成为一个共同生产基地，一个单一市场，一个竞争力强、经济平衡发展且全面融入国际经济的区域。它强调四个主要的支柱(pillars)：一是建立单一市场(Single Marketand Production Base)；二是建立竞争经济区域(Competitiv Economic Region)；三是公平地发展经济；四是要融进世界经济一体化(Integration into the Global Economy)。[④] 为达到目的，利用国际贸易协定所涵盖的政策或规则构建一系列指数进行深度一体化(deep in-

---

① The APSC has the following key characteristics，http://www.asean.org/images/resources/2014/Jul/ASEANAnnualReport20132014.pdf，最后访问日期：2018 年 11 月 11 日。

② 其价值取向是 APSC 要确保东盟成员国及其人民能够生活在彼此之间的和平以及世界范围内的公正、民主、和谐的环境里。为了做到这一点，APSC 要促进与民主、法治和良治挂钩的政治发展，并且尊重写在东盟宪章里的促进和保护人权，基本自由的原则。与此同时，APSC 寻求旨在加强东盟与对话伙伴和朋友之间的互利关系。笔者注。也可见于《东盟经济共同体蓝图》：The ASEAN Economic Community Blueprint，http://www.asean.org/wp-content/uploads/images/archive/5187-10.pdf，最后访问日期：2018 年 4 月 28 日。

③ The ASEAN Economic Community Blueprint，http://www. asean. org/wp-content/uploads/images/archive/5187-10.pdf，最后访问日期：2018 年 11 月 11 日。

④ 具体目标是通过促进货物、服务、投资和熟练劳动力以及资本的自由流动；增加机构、人民对人民的联系，以降低经商成本；通过制定有针对性的方案缩小各国国内和东盟成员国之间的发展差距；并通过参与双边自由贸易协定和东盟自由贸易区达到建成区域全面经济伙伴关系(RCEP)的结果相协同。作者注。

tegration),[①]即通过可操作习性的 AEC 的记分卡机制(the AEC Scorecard mechanism)去跟进既定目标的兑现。[②]

东盟社会文化共同体(ASEAN Socio-Cultural Community,ASCC)。东盟社会文化共同体旨在促进东盟共同体是以人为导向(people oriented)和承担社会责任,追求建立一个共同身份,以及充满爱心和共享的社会,这个社会对于人们来说是具有包容性、友善、活力、福利不断增强的社会,具体表现是人的发展(Human Development)、社会福利和保护(Social Welfare and Protection);社会公正和权利(Social Justice and Rights)、确保环境的可持续性(En-

---

① 深度一体化是指在贸易投资协定里不仅包含关税规则和传统的非关税贸易限制,而且还在更广泛的意义上规范商业环境。深度整合的问题包括竞争政策、投资者权利、产品标准、公共采购和知识产权保护、劳工标准以及环境保护等。作者注。这在 Gianluca Orefice 等人的论文里也有论述:Gianluca Orefice,Nadia Rocha,Deep Integration and Production Networks: An Empirical Analysis,*World Economy*, 2014, 37 (1),pp.106-136,https://doi.org/10.1111/twec.12076,最后访问日期:2018 年 11 月 12 日。

② AEC 的记分卡机制:AEC 蓝图的中期审查制定了调查和记分卡机制,以评估各国在八个关键领域实施标准和一致性的进展,包括汽车和橡胶制品、电气和电子设备、化妆品、医疗器械、医药产品、预制食品、传统医药和保健品行业。Ledda, V.M. AEC 2015: Issues and Challenges in Standards and Conformance, *Philippine Journal of Development*, Number 71, First and Second Semesters 2012 Vol. XXXIX, pp. 171-188, https://pascn.pids.gov.ph/files/AEC_Standards_and_Conformance.pdf, 最后访问日期:2018 年 11 月 12 日。这些机制围绕经济共同体的四个支柱的实现而进行,一是以消除关税,促进货物、服务、技术工人、投资、资本的自由流动,促进重点整合行业、食品、农业和森林的发展等措施达到货物的自由流动;二是以构建竞争政策、消费保护、知识产权保护以及基础设施的建立来加强竞争经济区域制度;三是以发展中小企业(SMEs),促进一体化来达到公平的经济发展;四是融进全球经济一体化。该记分卡机制启动于 2008 年,共分四个阶段来实施:2008—2009、2010—2011、2012—2013 和 2014—2015。同时,东盟还采取了相应的法律和政策来落实 AEC 的目标,如东盟全面投资协定生效[Entry into Force of the ASEAN Comprehensive Investment Agreement (ACIA)],东盟便利货物贸易框架协议生效[Entry into Force of the Protocols 1, 2, 7 and 9 of ASEAN Framework Agreement onthe Facilitation of Goods in Transit (AFAFGIT)],在东盟投资协定下的所有相关措施[Subsume all measures under the ASEAN Investment Agreement (AIA)],东盟全面投资协定生效前的暂时例外和敏感清单[Temporary Exclusion Lists and Sensitive Lists under the ASEAN Comprehensive Investment Agreement (ACIA) upon entry into force of the ACIA],按时间表促进和便利投资的行动(Conduct activities in support of investment promotion and facilitation as scheduled)等。作者注。

suring Environmental Sustainability)、建立东盟身份(Building ASEAN Identity);缩小发展差距(Narrowing the Development Gap)[①]。综上所述,东盟共同体在一体化的路径是政治、经济和社会文化三个支柱建设齐头并进,即计划同时建立政治安全、经济、社会文化三大共同体,于此开启了亚洲历史上首次建立次区域共同体,对比欧盟的经济、政治以及司法社会等领域循序渐进一体化,则是首开了一个新的地区一体化发展模式。

法制、法治化的东盟共同体在地区安全问题上采用了一体化的姿态,即借助于国际机制里的软、硬法方式来建设三个共同体,其中经济共同体中的硬法机制偏多,而政治共同体、社会和文化共同体则以软法偏多。但是值得注意的是东盟共同体正在采取的软法将会逐渐促进东盟一体化程度加深的进程。

二、东盟共同体地区安全政策法律的一体化及特点分析

(一)东盟共同体地区安全政策法律框架的文件

东盟共同体在地区安全政策及法律框架文件,主要体现在《东盟协调一致宣言》(Declaration of ASEAN Concord,1976)、《东南亚军事与合作协议》(Treaty of Amity and Cooperation in Southeast Asia,1976)、《东盟协调一致宣言Ⅱ》(Declaration of ASEAN ConcordⅡ,or Bali ConcordⅡ 2003)、《东盟安全共同体行动计划》(ASEAN Security Community Plan of Action,2004)、《东盟宪章》(ASEAN Charter,2007)、《东盟共同体路线图宣言》[Chan Cha-am Hua Hin Declaration on the Roadmap for the ASEAN Community,2009—2015)]、《东盟政治共同体愿景蓝图》(APSC Blueprint,2009)、《东盟政治共同体 2025 愿景蓝图》(APSC Blueprint 2025)几个文件中。

---

① 价值取向就是要建立关爱性社会的共同体,以解决贫困、平等和人类发展的问题;通过建立具有竞争力的人力资源为基础的和具有充分的社会保障体系因素的共同体来发展管理经济一体化的社会影响的能力;增强环境的可持续性和健全的环境治理;加强区域社会凝聚力以迈向 2015 年东盟共同体。作者注。

(二)东盟共同体的地区安全政策及法律特点

以2007年为界,从文件数、质量的角度看:在2007年以前,有关地区安全方面的政策和规则表现出简单而量少;并且2007年以前被人认为没有地区安全机制,理由是只强调适应性(resilience),即只是在东盟地区论坛(The ASEAN Regional Forum)里阐述比军事领域更宽泛的安全,而不是建立基础性的防务协定或者是正式的联盟,因此具有分散性(separate),[①]缺乏一体性(integration)以及机制性(machinery)[②]的特点,以至于有人认为东盟区域几乎没有地区安全机制。[③]

2007年以后的地区安全政策和规则是系统而详细的。一是系统而全面;二是运用多种规制形式,如运用宪章,同时包括软法、有一定硬法因素和政策在内的多种文件形式。比如在《东盟宪章》(ASEAN Charter)这一纲领性文件里,其中关于地区的安全条款如下:[④]第1章第1条宗旨(Chapter1 Art1)第1款、第15款;第1章第2条原则的第2款规定:(b)(c)(d);第8章解决争议中第26条(Chapter8 Art26)。

而在典型的软法文件《东盟政治共同体愿景蓝图》(APSC Blueprint)

---

① Simon Chesterman, From Community to Compliance? *The Evolution of Monitoring Obligation in ASEAN*. UK:Cambridge University Press, 2015, p.33.

② Simon Chesterman, From Community to Compliance? *The Evolution of Monitoring Obligation in ASEAN*. UK:Cambridge University Press, 2015, p.36.

③ Simon Chesterman, From Community to Compliance? *The Evolution of Monitoring Obligation in ASEAN*. UK:Cambridge University Press, 2015, p.34.

④ 第1章第1条宗旨(Chapter1 Art1)第1款:(1)在本区域维持和加强和平、安全与稳定,并进一步强化以和平为本的价值观;第15款:保持以东盟为中心的原则以及其积极的角色。在第1章第2条原则的第2款规定:(b)以加强区域和平、安全与繁荣为共同承诺和集体责任;(c)摒弃任何与国际法相悖的侵略行动以及武力的威胁或使用,或其他行动;(d)依靠和平解决纠纷。第8章解决争议中第26条(Chapter 8 Art 26):尚未解决的争议:如果争议尚未解决,在运用本章前的条款之后,须将争议提交东盟峰会作决定。

中，[①]强调基于东盟宪章的政治安全领域的合作……制定共同的规范，建立共同机制，实现东盟在政治和安全领域的目标。[②] 还提出了全面的安全路径(a comprehensive approach to security)：如使用国际法和平解决争端的方式，放弃侵略、威胁或使用武力；在作为短期目标的东盟政治共同体 2025 愿景蓝图的文件里：[③]与地区安全直接有关的内容主要在 B 部分。[④] 尤其是 B.6 部分

---

① 软法在主权国家林立的国际社会里因为具有在最低限度上可以协调各主权国家的共识，减小参与国际交往合作的成本，达到某种最低的共同的目的或者获取某种利益的功能，尤其在制度差异比较大的国家之间达成某种一致具有一定时期的预期作用。作者注。该文件中分为三大部分的 35 条，其中第Ⅱ部分 APSC 的特点和要素(CHARACTERISTICS AND ELEMENTS OF THE APSC)第 6 条、第 7 条、第 8 条、第 9 条、第 10 条都涉及地区安全……坚持现有的东盟政治文件：《和平、自由和中立宣言》(ZOPFAN)、《东南亚友好合作条约》(TAC)和"东南亚无核武器条约"(SEANWFZ)等，以及为 APSC 设想的两个关键特性(two key characteristics)：如强调基于规则导向的具有共同价值观和规范的共同体(A Rules-based Community of Shared Values and Norms)；建设一个全面安全的共同体，即具有凝聚力、和平、稳定和具有适应性的共担责任的特点的共同体(A Cohesive, Peaceful, Stable and Resilient Region with Shared Aesponsibility for Comprehensive Security)。

② Art.7 from APSC Blueprint: Characteristics and Elements of the APSC. APSC Blueprint, http://asean.org/storage/images/archive/5187-18.pdf，最后访问日期：2018 年 11 月 12 日。

③ APSC Blueprint 2025, http://www.asean.org/wp-content/uploads/2012/05/ASEAN-APSC-Blueprint-2025.pdf，最后访问日期：2018 年 5 月 12 日。

④ 第 9 条：列出了和平、安全和稳定区域的关键要素：一是加强东盟应对现有挑战和新挑战的能力；二是及时有效地回应影响东盟的紧急事件或危机局势；三是加强东盟有效和及时处理非传统安全问题的能力；四是按照东盟宪章和国际法原则，以和平手段解决分歧和争端，包括不采取武力威胁或使用武力，采取和平解决争端机制，加强建立信任措施，推动预防性外交活动，冲突决议举措；五是保持东南亚为无核武器和其他大规模毁灭性武器区域，同时要为裁军、不扩散和和平利用核能的全球努力作出贡献；六是通过加强以东盟为主导的机制，通过国际公认的海运公约和原则，加强东盟地区及其他地区的海上安全和合作，即加强东盟政治安全共同体的机制、加强东盟国防部长会议，就防务和安全问题以及实际合作进行战略对话，同时加强东盟在东盟国防部长会议进程中的核心地位、加强东盟地区论坛进程，支持东盟共同体、加强东亚峰会进程，支持东盟共同体、加强支持东盟共同体的东盟＋3 合作框架、及时有效地回应影响东盟的紧急事件或危机局势、加强东盟有效和及时处理非传统安全问题的能力、加强在打击跨国犯罪方面、反恐、缉毒走私偷运小武器轻武器、网络犯罪、边境管理跨国犯罪和越境灾害管理和应急方面的合作。

(B.6.1-B.6.3),对于南海问题作了专门的规定,其中强调了和平解决继续东盟目前关于东盟成员国就南海问题进行密切磋商的做法,包括“南海各方行为宣言”(DOC)和“南海行为准则”(COC);加强东盟与中国在南海问题上的对话与磋商;确保 DOC 的充分有效实施,包括对其实施进行有效的监测和评估;加强东盟与中国之间的谈判,早日通过 COC,确保其得到充分有效的实施。[①] 三是在南海问题上,力图以东盟共同体为中心在这一事务发挥更大的作用。表现是:其一,直接以东盟共同体的一体化姿态公开表态:南海与东盟之间具有关联性;[②]认为南海涉及地区和平稳定以及东盟成员国的食品、能源运输的海上航行自由,南海问题与东盟共同体有着重要的持久的利益关系。[③] 其二,东盟(2015 年开始的东盟共同体)在面对南海问题的一体化姿态逐渐加强,即以南海争端提交仲裁为界,其一体化姿态可以分为两个时期:第一时期:从 1992 年的《东盟南海宣言》到 2011 年的《东盟国防部长在全球共同体面对新挑战的联合声明》(“2011 Joint Declaration of the ASEAN Defence Ministers

---

① 外交部长们注意到东盟成员国和中国已经就单一 COC 谈判文本达成一致意见,并期待在 2019 年东盟—中国首脑会议上宣布完成对 2019 年文本的一读。东盟外交部欢迎加强与中国在南海问题上的合作,http://www.sdxnyc.com/xinwen/guonei/201901194539.html,最后访问日期:2018 年 11 月 12 日。

② In addition to organising events and publishing books, journal articles and book chapters on the South China Sea, CIL research staff have prepared the following research materials on the South China Sea: ASEAN and the South China Sea: Extracts from ASEAN documents on the South China Sea from 1992 to 2011; Text of Joint Development Agreements in Southeast Asia, Gulf of Tonkin, North East Asia and the Timor Sea; Bibliography on Joint Development and the South China Sea. etc. https://cil.nus.edu.sg/research/ocean-law-policy/,新加坡国立大学法学院海洋法中心,最后访问日期:2018 年 5 月 16 日。

③ 东盟共同体认为:这个问题不仅仅是东盟成员国所声称的那一些小片岛屿和那广的南海,也不仅仅是单个的东盟成员国,而是作为一个整体的东盟——对本地区的和平与稳定以及南中国海上空的航行自由有利益关系。东盟的大部分商业,包括其成员的食品和能源交易,都经过南中国海。东盟及其成员在南中国海的利益非常高,这对我们的安全和经济非常重要。……东盟对这个地区的和平与稳定以及南中国海上空的航行自由和航行自由都有着持久的利益,如包括其成员在内的贸易食品和能源在内的大部分东盟商业都经过南中国海。众所周知,在南中国海地区的多重要求是我们这个地区潜在的冲突的关键之一。See Pavin Chachavalpongpun editor. Entering Uncharted Waters? *ASEAN and the South China Sea*, Singapore: Institute of Southeast Asian Studies, 2014, Preface.

on Strengthening Defence Cooperation of ASEAN in the Global Community to Face New Challenges")。这个时期,以东盟组织名义发出的各种文件约有58个。①

第二时期,以2012年中国渔船被菲挑衅的黄岩岛事件,以及菲律宾于2013年1月22日正式向联合国海洋法法庭提请针对中国的仲裁直至现在。② 在这一时期,东盟连续发布了几个主要的文件:2012年7月的东盟外长会议的《东盟关于解决南海问题六点原则》③,接着在后续的5年内2014

---

① Documents on ASEAN and South China Sea, https://cil.nus.edu.sg/research/ocean-law-policy/,新加坡国立大学法学院海洋法中心网站,最后访日期:2018年5月16日。

② 截止于2020年9月29日。作者注。

③ 东盟发表"南海问题六点原则",http://news.cntv.cn/20120721/111245.shtml,最后访问日期:2018年1月27日。另外,东盟外长会推迟两周"画句号":东盟于本月9—13日(2012年7月)在金边举行了外长系列会议,因"南海问题的分歧"有史以来首次未能发表《联合公报》。会后,在马蒂的协调下,最终于20日发布了东盟外长声明,就东盟关于南海问题提出了六项原则。这六项原则与"宣言"精神相符,素林25日接受本报记者专访时也表示,六项原则并没有什么新意。自1992年以来,东盟历届外长会议均在《联合公报》中提及南海问题,一直强调的是各方应遵守"宣言"。2009年的《联合公报》涉及南海的只有两条,而到了2010年,也就是美国国务卿希拉里·克林顿表示南海问题涉及美国利益的那次会议,关于南海问题的条款增加到了4条,2011年则增加到了5条。2011年的《联合公报》在提及南海问题时多了这样一句话"我们深入讨论了南海问题的最新进展,对最近发生的事件表示深度关切",但《联合公报》并未明确提及任何具体事件。2012年7月26日,人民网,http://world.people.com.cn/n/2012/0726/c1002-18599380.html,最后访问日期:2018年1月28日。

年、[①]2015年、[②]2016年、[③]2017年、[④]2018年[⑤]都对南海问题作了极为关注的陈述,尤其在2018年3月18日东盟—澳大利亚特别首脑会议的悉尼宣言里,再一次宣称了东盟共同体南海政策的一体化态度:其一,强调与中国将要进行

---

① 2014年中国与菲律宾在仁爱礁及中越在西沙海域爆发冲突,使南海局势再次趋于紧张。故此在当年的5月的东盟外长会议再度就南海形势发展发表共同声明,对事态发展表示"严重关切",强调希望维护南海和平稳定、海上安全和航行与飞越自由;2015年东盟峰会和东盟地区论坛等一系列地区会议上均表示严重关切和担忧。缅甸《新光报》2014年5月11日报道,5月10日上午9时,东盟外长会议在内比都国际会议中心召开,东盟各国外长、代表、高官以及东盟秘书长黎良明与副秘书长吴年林出席会议。缅甸外长吴温纳貌伦担任会议主席。会上,各国外长就东盟对外关系、地区与国际事务交换了意见,会议通过东盟对外关系指南,并就南海问题发表声明。声明指出:东盟各国外交部长对导致地区内局势紧张的南海问题表示特别担忧,我们建议相关国家遵守1982年《联合国海洋法公约》的规定,避免破坏地区稳定的行为,避免以武力相威胁和诉诸武力,采取和平的方式解决争端。东盟各国外长在声明中重申维护南海稳定、海上安全以及南海上空与海上自由航行的重要性。此外,东盟关于南海问题的六项原则、第15次东盟—中国领导人会议及在纪念《南海各方行为宣言》(DOC)十周年会上发布的联合声明也具有重要意义。东盟各国外交部长呼吁东盟国家合作起来,落实《南海各方行为宣言》,推动制定"南海行为准则"(COC),参加签署《南海各方行为宣言》的国家需要形成互信。http://dongmengxueyuan.gxun.edu.cn/download.jsp? urltype=news.NewsContentUrl&wbtreeid=1502&wbnewsid=2601,最后访问日期2018年11月13日。

② Paragraph106-110, CHAIRMAN'S STATEMENT OF THE 27TH ASEAN SUMMIT KUALA LUMPUR, 21 NOVEMBER 2015, OUR PEOPLE, OUR COMMUNITY, OUR VISION, http://www.asean.org/wp-content/uploads/2015/12/Final-Chairmans-Statement-of-27th-ASEAN-Summit-25-November-2015.pdf,最后访问日期:2018年2月2日。

③ Para 11, PRESS STATEMENT BY THE CHAIRMAN OF THE ASEAN FOREIGN MINISTERS' RETREAT, SINGAPORE, 6 FEBRUARY 2018, http://asean.org/storage/2018/02/Press-Statement-by-the-Chairman-of-the-ASEAN-Foreign-Ministers-Retreat-clean.pdf,最后访问日期:2018年3月10日。

④ 2017年东盟的两次峰会:2017年4月26—29日、11月13—14日后的声明里。在这两次峰会的声明里都用了2～3个段落来表示东盟对南海问题的关注和积极参与,以及东盟对南海问题的态度和解决的方案。在同年的11月第5届东盟与美国峰会上,不仅与美国讨论了南海问题,而且在共同声明里再次表示了对南海问题的重视。

⑤ Para 9, Joint Statement of the ASEAN-Australia Special Summit: the Sydney Declaration. http://asean. org/storage/2018/03/Joint-Statement-of-the-ASEAN-Australia-Special-Summit-Sydney-Declaration-FINAL.pdf,最后访问日期:2018年3月20日。

的南海行为准则(COC)进行实质性谈判。其二,表示了对填海活动的担心(land reclamations and activities in the area which have eroded trust and confidence and increased tensions)。其三,重视维护和促进和平、安全、稳定、海上安全和安保,以规则为基础的秩序和在南中国海上空和飞越航行自由的重要性。其四,支持和平解决争端,包括充分尊重商定的原则,而不诉诸武力威胁或使用武力。其五,强调根据公认的国际法原则开展非军事化和自我克制的活动。其六,要遵守包括1982年《联合国海洋法公约》以及由国际民用航空组织(ICAO)和国际海事组织(IMO)提供的标准和推荐的实践(relevant standards and recommended practices)。其七,希望双边能够有进一步的条约签署,从而保障南海的未来,如东盟不仅希望与中国充分有效实施2002年的《南海各方行为宣言》(the 2002 Declaration on the Conduct of Parties in the South China Sea,DOC)同时,也希望与中国缔结一个实质性的有效的"南海行为准则"框架(COC)。就在2020年9月9日东盟与中国外长会议上,也用了2个大段来强调东盟对南海的态度。[①]

值得关注的是,东盟共同体以一体化姿态不仅与我国会晤商讨南海问题的解决,同时也与美国、澳大利亚共同召开会议,发表声明,活动频繁。截止到2020年,南中国海问题已经超越了"五国六方"围绕南沙部分岛礁领土主权及海域管辖权等领域,被美、日、英、澳、印密切关注,[②]关注的理由很大部分原因是因为南海是原油的主要贸易路线(a major trade route for crude oil)。2016年,全球海上原油贸易的30%以上,即每天约1500万桶,通过南海。[③]

---

① Chairman's Statement of the ASEAN Post Ministerial Conference (PMC) 10+1 Session with China 9 *September* 2020, *Viet Nam*,https://asean.org/chairmans-statement-asean-post-ministerial-conference-pmc-101-session-china/,最后访问日期:2020年9月28日。

② 美、印、日、澳目前已经形成了四方2.0.Edited by Huong Le Thu.Quad 2.0: New perspectives for the revived concept Views from The Strategist.澳大利亚战略研究所,https://www.aspistrategist.org.au/new-perspectives-for-the-revived-quad/,最后访问日期:2019年2月14日。

③ 日本和韩国进口的原油约有90%于2016年通过南海运输,2016年,90%以上的原油流经南海,经过马六甲海峡,这是非洲和波斯湾供应商与亚洲市场之间最短的海上航线,使其成为世界上主要的石油运输热线之一。美国能源信息管理网,https://www.eia.gov/todayinenergy/detail.php? id=36952,最后访问日期:2019年1月29日。

三、东盟共同体在南海问题的一体化政策法律的国际法特点及其影响分析

东盟共同体在南海问题上表现出一体化姿态,试图建立一个需要区域成员国让渡部分主权的区域的新的安全法律秩序,很重要的是,东盟共同体选择运用了具有机制性的国际法,因为国际法可以给这一区域的国家带来国家权利的根据,可以给东盟共同体带来效率、预期和秩序,从而带来区域组织的进步,同时也在因为这一属于国际法范围的秩序具有一定的普遍性,即国际法律秩序适用于整个由国家组成的国际社会,并在这个意义上具有普遍的性质。这些国际法的运用具体表现如下:

(一)进一步选择运用了区域性国际组织机制

东盟是一个拥有十个成员国的区域性封闭组织,这一组织特性为其一体化定位提供了组织保障。自从 1967 年该组织建立以来,经过了多年的发展,已经设定了该组织的政治、经济以及社会三个共同体目标,开启了"更深入的一体化"建设。[①] 尤其是在 2007 年颁布、2008 年生效的东盟宪章里强调的东盟作为政府间组织,被赋予法律人格,[②]同时在宪章宗旨的第 15 条里特别强调了东盟作为一个整体体现在价值观、经济一体化、地区安全、民主等方面。东盟宪章、东盟的三个共同体设计为东盟进入新的一体化阶段起到了法律(包

---

① At the 9th ASEAN Summit in 2003, the ASEAN Leaders resolved that an ASEAN Community shall be established. At the 12th ASEAN Summit in January 2007, the Leaders affirmed their strong commitment to accelerate the establishment of an ASEAN Community by 2015 and signed the Cebu Declaration on the Acceleration of the Establishment of an ASEAN Community by 2015. The ASEAN Community is comprised of three pillars, namely the ASEAN Political-Security Community, ASEAN Economic Community and ASEAN Socio-Cultural Community. Each pillar has its own Blueprint, and, together with the Initiative for ASEAN Integration (IAI) Strategic Framework and IAI Work Plan Phase II (2009—2015), they form the Roadmap for an ASEAN Community 2009—2015,http://asean.org/asean/about-asean/overview/,最后访问日期:2018 年 3 月 20 日。

② Art 3. Legal Personality of ASEAN, Charter II Legal Personality, The ASEAN Charter. Ingo Venzke, Li-ann Thio, *The Internal Effects of ASEAN External Relations*. UK: Cambridge University Press,2016,p.8.

括软硬法在内的)保障。同时对于东盟出台一系列的有关南海的声明也起到了组织的保证作用。

(二)借助了多方位深入一体化的机制

东盟对于南海的多次统一声明基于东盟的“多方位的更深入一体化”。“多方位的更深入一体化”是指东盟不仅借助东盟经济共同体实现“经济一体化”,还借助政治安全共同体以及社会文化共同体开始了政治安全以及社会、文化等方面的一体化。一体化(integration)定义为某领域的规则统一,国际组织往往成为一体化实现的载体,这在欧盟表现得尤为突出。因此,借助区域组织实现经济一体化是各国容易接受的一个方式。[①] 东盟在 2007 年以前其活动更多地体现在区域经济一体化方面,当然,其组织性质也更多地倾向为区域经济组织方面。[②] 2007 年后,东盟的一体化开启了由经济一体化向政治、社会等方面发展,体现了“多方位的更深入一体化”。借助这些机制,使东盟组织的建设更为有效。

(三)东盟对外关系的深入一体化

东盟对外关系的深入一体化是指东盟基于它自己的组织建设、与自己的成员国,以条约形式约束东盟自己,同时也以东盟之名与其他各国、各国际组织之间采用条约的形式来确定互相之间的关系。条约形式有复边的也有双边的,[③]使东盟内部组织法制化,与外部的国际关系亦法制化。

(四)启用争端解决法制化和法治化机制,以此逐渐改变“东盟方式”

东盟在东盟宪章以及相关条约里通常都有争端解决机制的规定,这使得东盟在处理对外冲突的时候必须要用这些法律和政策,当然也有法律和政策依据可用。如 1976 年第一次东盟峰会所颁布的东盟友好合作条约(The Treaty of Amity and Cooperation in Southeast Asia,TAC),其中就有条款专门规定了和平解决争端,不仅有针对东盟成员国之间的冲突的,也有针对与非

---

① 杨丽艳:《区域经济一体化法律制度研究》,法律出版社 2004 年版,第 1～99 页。

② 杨丽艳:《东盟的法律和政策与现代国际法》,广西师范大学出版社 2000 年版,第 15 页。

③ Ingo Venzke, Li-ann Thio, *The Internal Effects of ASEAN External Relations*, UK:Cambridge University Press, contents part. 2016.

东盟国家之间的规定的,[①]在后来的文件里还有相关程序性规则,如首先强调协商(negociation),如果协商未果,将会将争议交到高级理事会(High Council)处理。[②] 当然还有邀请东盟相关的国家和地区加入这一条约,如中国、美国、澳大利亚、欧盟、印度等。1996年冷战后,东盟加速了经济一体化,依据1992年的加强东盟经济合作框架协议(the Framwork Agreement on Enhencing ASEAN Economic Cooperation)各成员国签署了1996年《争端解决机制议定书》(the 1996 Protocol on Dispute Settlement Mechanism,1996 Protocol)。这一协议主要处理有关运作东盟内区域经济协议内的争端,也用于东盟所签署的之前里面没有争端同款的经济合作的协定,[③]当然,它也是类似TAC的一个处理国与国之间争议的协定,不过主要是经济方面的。首先也是基于友好解决的目的,如果失败,就会建立一个专家组(a panel)来评估这场争议,然后会根据这一决定上诉到高级经济官员会议(Senior Economic Officials Meeting,AEM),被侵害的一方得到AEM的批准后,可以寻求一个有执行效力(enforcement mechanism),如赔偿(compensation)和让步中止(suspension of concessions)。这一变化具有两重意义:一是东盟开始有了仲裁功能的机制;二是这一机制具有了可以运作的特殊效力。2007年制定的《东盟宪章》第8章的7个条款规定了(Chapter 8,arts22-28)争端解决机制。其强调了无论在哪个领域的争端都要用对话、协商的和平方式来解决,同时东盟必须在东盟合作的各个领域建立争端解决机制。(arts22,Chapter 8 Settlement of Dispute, The ASEAN Chapter)东盟友好合作条约(TAC)和它的程序(its rule of procedure)是东盟不涉及解释或适用争端案例解决的主要依据,否则ASEAN的经济协定涉及解释和适用的案子则是根据东盟的加强争端解决机制议定书(The ASEAN Protocol on Enhanced Dispute Settlement Mechanism)。在宪章里,要采用仲裁的方式,而对于不可解决的争议(unresolved

---

① TAC,arts,2(d)and 14,15. http://asean.org/treaty-amity-cooperation-southeast-asia-indonesia-24-february-1976/,最后访问日期:2018年5月10日。

② 001 Rule of Procedure of high Council of the TAC,34th AMM,HaNoi,Vietnam. 23July 2001,http://asean. org/? static_post = rules-of-procedure-of-the-high-council-of-the-treaty-of-amity-and-cooperation-in-southeast-asia-2,最后访问日期:2018年5月10日。

③ Arts.1. In the 1996 protocol's Appendix I on Covered Agreements. Also Tan Hsien-Li,Bob Beckman, Leo Bernard, Hao Duy Phan, Ranyta Yusran,*Promoting Compliance: The Role of Dispute Settlement and Monitoring Mechanisms in ASEAN Instruments*,UK: Cambridge University Press, 2016,pp.64～65.

disputes)，在用尽了宪章里有关争端解决的程序后将其交到东盟峰会(ASEAN Summit)，由东盟峰会来决定。这些机制自2008年东盟宪章(ASEAN Chart)生效后展示了东盟新的法律和机构，也成了东盟是以规则为基础(rule-based)的区域性组织的标志。①

以上东盟共同体的这些特点是我们在解决南海问题时要密切注意的。也就是说，东盟共同体的一体化的进步，尤其是在解决争端解决方面的一体化的规则设置，以及所连动的一些亚太地区的大国的表态，是我国决策南海问题时需要考虑的因素。

四、中国与东盟共同体关于南海问题解决的互动及中国主张的升级

(一)中国与东盟共同体关于南海问题解决的互动

中国在南海问题上一直主张和平解决，并且采取了积极有效的措施。一是积极参与与东盟及其相关成员国在各种场合各种论坛的对话。自冷战结束后的1991年中国就和东盟开启了对话进程，1996年中国成为东盟全面对话伙伴国；1997年中国在亚洲金融危机中坚持人民币不贬值赢得东盟的尊重，随后东盟在各种多边机制中对中国舒适度的照顾推动了中国与东盟关系的全面发展，双方签署了多个安全类、经济合作类以及综合类11个合作协议。②尤其是在2016年南海仲裁案以后，中国与东盟开始了更积极的互动，如2016年9月7日，第19次中国—东盟领导人会议暨中国—东盟建立对话关系25周年纪念峰会，签署了《中国和东盟国家外交部长关于全面有效落实〈南海各方行为宣言〉的联合声明》(以下简称《声明》)，就"南海行为准则"磋商提出了"四点愿景"。《声明》涉南海段落较往年更为平衡积极，客观反映了南海局势降温的势头，展现了中国与东盟各方致力于全面有效落实《南海各方行为宣

① Tan Hsien-Li, Bob Beckman, Leo Bernard, Hao Duy Phan, Ranyta Yusran, *Promoting Compliance: The Role of Dispute Settlement and Monitoring Mechanisms in ASEAN Instruments*, UK: Cambridge University Press, 2016, p.84.

② 邵建平：《中国的东盟政策：误解与正解》，载《外交评论》2017年第1期。

言》、推进"准则"磋商、共同维护南海和平稳定的坚定信心和积极意愿。[①] 2017年5月又与声索国之一越南签署了《中越联合公报》,其中有《关于指导解决中华人民共和国和越南社会主义共和国海上问题基本原则协议》,并且双方一致同意继续全面、有效落实《南海各方行为宣言》,在协商一致的基础上,早日达成"南海行为准则";管控好海上分歧,不采取使局势复杂化、争议扩大化的行动,维护南海和平稳定。

作为东盟来说,如前所述(本文一、二部分),一直主张要遵守包括海洋法在内的国际法,尤其在2016年的南海仲裁案以后,东盟对待南海的问题持密切注视和特别关注的态度,同时要以一体化的东盟共同体身份积极参与,而不是对南海问题持中立的态度。[②] 明确把握这一点对于我国解决南海问题是重要的。

目前中国与东盟之间的互动、中国与南海声索国之间的互动主要是基于如下几个文件:于2016年7月25日《中国东盟联合声明:全面落实〈南海各方行为宣言〉》,[③]于2017年8月6日,在菲律宾马尼亚举行的东盟系列外长会议上,与东盟各国外长正式签署《中华人民共和国和东南亚国家联盟成员国政府关于建立中国—东盟中心的谅解备忘录修订版》,双方讨论落实的《南海各方行为宣言》,以及就防止南海冲突的"南海行为准则"框架。该框架目前并不对外公开,只作为一份内部文件,目的是为下一步准则细则的磋商创造一个宽松的政治环境。

中国与东盟双方都有希望南海具有稳定和平的环境,并且具有合作的未来,即东盟认为:维护南海的和平与稳定符合中国与东盟国家以及国际社会的基本利益;重申2002年《南海各方行为宣言》具有里程碑意义,展现了各方依据《联合国宪章》以及包括1982年《联合国海洋法公约》在内的公认国际法原则,共同维护地区和平稳定、增进互信和信心的共同承诺;重申该《宣言》在维护地区和平稳定中发挥的重要作用;承诺全面有效完整落实该《宣言》,并在协商一致的基础上实质性地推动早日达成"南海行为准则"。

---

① 中国外交部网站,http://www.fmprc.gov.cn/web/ziliao_674904/1179_674909/default_5.shtml,最后访问日期:2018年5月2日。

② 周士新:《东盟在南海问题上的中立政策评析》,载《当代亚太》2016年第1期。

③ 《中国—东盟(亚细安)联合声明:全面落实〈南海各方行为宣言〉》,联合早报网,http://www.zaobao.com/realtime/china/story20160725-645476,2018-05-16,最后访问日期:2018年5月16日。

我国也认为,中国需要南海地区的和平稳定。因为中国的对外贸易,很大一部分是通过南海航道的,南海如果不稳定,我们是最大的受害者。现在我们和越南、菲律宾都有双边磋商机制,还要和东盟国家继续开展“南海行为准则”磋商,该准则不涉及领土主权和海洋划界问题,而是用来管控争议的,通过谈判协商解决争议,通过规则机制管控争议,而“准则”框架的达成就是制定规则的一个具体体现。具体到机制上,中国和东盟国家之间有落实《宣言》高管会、联合工作组会等。另外还为解决争议创造良好的环境和氛围,如通过合作开发减缓争议。中方在南海问题上坚持“双轨思路”:即在尊重历史事实和国际法基础上,通过谈判协商和平解决,据此南海和平稳定由中国和东盟国家共同加以维护。① 这些都说明南海局势的稳定开始有了一定的基础。

(二)建立中国—东盟南海的有效合作机制是南海问题长治久安之道

中国和东盟的实质性合作,如中国—东盟自由贸易区,已经颇有成效,而且这一效果还在持续表现,事实证明,有效的自贸区对于区域稳定有着不可替代的重要作用。南海是一个半闭海,②中国及东盟诸国都有相关的利益在其中,如航行、渔业、油气以及国家与区域安全、非传统安全等。而除了管控机制必须建立以外,更重要的是要建立能够使这一地区长治久安的机制,笔者以为这一机制最为重要的是互利互赢的经济合作机制、非传统安全的国际合作机制。

1.南海的油气和渔业的国际经济合作机制。这一机制主要针对南海的油气资源以及渔业资源,这些资源也是南海直接当事国与我国发生南海争议的主要经济起因。这一机制可以在中国与东盟全面经济合作的机制上,再建立特殊的油气、渔业专门合作机制,而这可以考虑借鉴当年的欧洲的煤钢共同体

---

① 《“南海行为准则”框架是完善“南海规矩”的重要新节点——专访外交部边界与海洋司司长欧阳玉靖》,https://baijiahao.baidu.com/s? id＝1569062356453211&wfr＝spider&for＝pc. 2018-05-23,最后访问日期:2018 年 5 月 23 日。

② 《联合国海洋法公约》第 122 条和第 123 条对闭海和半闭海沿岸国开展合作作出了规定。闭海和半闭海地区因沿海国数量有限,通常被人们看成是问题较少、合作较多的区域。但是,由于战略权力的竞争关系、主权与领土的状态、经济利益等诸多因素也可能使闭海和半闭海区域陷入混乱。域外军事力量在闭海和半闭海区域的介入也会造成各种紧张关系。国家利益与国家权力的现实制衡,往往又会使区域性合作机制更加难以实施,应当充分认识到闭海和半闭海合作所面临的复杂情况。作者注。

的有关机制。[①]

欧洲煤钢共同体(ECSC)于1951年4月18日通过《巴黎条约》成立,1952年7月23日生效,有效期50年。《巴黎条约》确定煤钢共同体的基本任务是建立煤钢单一共同市场,取消有关关税限制,对生产、流通和分配过程实行干预。《巴黎条约》共计100条,最主要的是在煤钢领域里建立起了既有各成员国的平等参与又有让渡部分主权的一体化的措施,如设立了诸个机构:(1)高级机构。该机构由各成员国推荐,其中8名由六国一致同意任命,另一名则由8个成员共同推荐。高级机构负责作出决议和提出建议,但不包办代替各企业的经营管理。这一机构在煤钢共同体里带有一定的一体化色彩。(2)部长理事会。每一成员国派一政府部长组成部长理事会,其职责是协调高级机构和各成员国的行动。(3)共同体议会。共设87名议员,其中法国18名,联邦德国18名,意大利18名,比利时、荷兰各10名,卢森堡4名。共同体议会通过民主方法对高级机构实行监督,并有权以2/3多数通过弹劾案,解散高级机构。(4)法院。由7名法官组成,任期6年,其任命须经六国一致同意。

笔者认为,中国与东盟的南海油气开发合作可以借鉴欧洲煤钢共同体。通过签署南海国际合作条约,其中设计或采用我国提倡的双轨制:[②]既在认同东盟共同体一体化基础上对南海问题的看法,同时也要考虑建立起声索国认同的领导机构、利益分配机制,其中既有可能强调国家间平等,同时也让渡出部分权力,在这二者之间取得大家认同的平衡。关于南海海洋经济合作机制:一是应该强调遵守包括联合国海洋法等在内的国际法。二是签署中国与东盟之间的南海方面的合作条约,以此作为中国与东盟南海声索国合作的基本基础。三是具体的相应规则设计:首先,设立合作的制度化的原则:(1)要有一套机构的权限分配规则,其中要体现主权与主权让渡之间的平衡。(2)要预埋一套为未来东亚一体化的实现奠定基础的规则体系。(3)将合作事项分为几个类别,不同的类别将采用不同的决策机制。(4)确立合作制度化的最终目的将

---

① 祁怀高博士在2017年年底发表的论文里持有这个观点。之前作者于2016年8月1日参加的University of New England的Moving Beyond Disputes in the South China Sea的学术讨论会上的发言“Upgrading China-ASEAN Free Trade Agreement for South China Sea Cooperation”里阐述过。作者注。

② 祁怀高:《欧洲煤钢联营经验对南海共同开发的启示》,载《太平洋学报》2017年第10期。在韩兢的报道中也可见这一观点:《我解决南海问题双轨制被点赞——“双轨制”符合南海现状并已与东盟国家沟通》,载《钱江晚报》2014年8月12日。

与世界、区域永久和平、经济发展以及人们的福利紧密联系在一起。(5)要设立有效的争端解决机构。其次,机构设计。领导机构:(1)高级机构。可以建立包括中国与东盟南海声索国在内的高级机构,将其定位在负责作出决议和提出建议,但不包办代替各企业的经营管理。这一机构在南海国际合作机制里带有一定一体化的超国家因素色彩。(2)部长理事会。由与南海相关的东盟诸国的每一成员国以及与南海关系运用密切的相关国家派一政府部长组成部长理事会,其职责是协调高级机构和各成员国的行动。(3)南海国际合作监督机构。每个成员国分配一定的名额,提供相应的成员组成。该监督机构通过民主方法对高级机构实行监督,并有权以2/3多数通过弹劾案,解散高级机构。(4)争端解决机构,由若干名法律和经济专家组成,任期6年,其任命须经南海当事国一致同意。这一机构的设置是重要的。最后,要有渐进的具体合作领域及其时间表:(1)包括海洋法里的八种海域划分的制度合作。(2)非传统安全领域的合作,尤其是涉及有关国际人权、国际罪行领域的海域合作,如打击毒品、海盗等。(3)保证海空的无害通过以及过境通行。(4)开展海洋的科研合作。

2.或将南海合作或纳入中国—东盟FTA的升级版的建设。目前升级版内容依然主要在货物、服务、投资和经济技术,新加内容主要是跨境电子商务作为新议题纳入合作范畴。① 可否考虑在升级版里加进南海经济合作的内容,在升级中国—东盟投资条约的时候,考虑加以投资因素于南海合作中。充分运用这一已经可以具有操作的机制来切切实实地缓解地区紧张局势。事实证明,FTA是一个恰当的、可运用的有效的机制,CPTPP以及欧盟近期签署的FTA、美墨加协定(USMCA)等的出现即为例证,它们是巨型FTA,内容也不仅仅是贸易、投资的内容,目前看来早就超出了传统的FTA模式,成了全球治理体系里规制创新所运用的机制。

3.结合"一带一路"倡议来考虑南海的双方国际合作,即从海上丝路的发展角度来考虑。正如我国李克强总理所言"'陆海新通道'要陆海并进,双向互

① 《中国—东盟自贸协定("10+1")升级》,中国—东盟自贸区升级版条约见商务部网站,http://fta.mofcom.gov.cn/dongmeng_phase2/dongmeng_phase2_special.shtml.,最后访问日期:2018年11月13日。

联互通”[①]。目前海上丝路的发展比较顺利,如雅万高铁、中泰铁路合作项目一期工程2017年年底开工。海上丝路的项目逐渐增多,“一带一路”成了广受欢迎的重要国际合作平台和国际公共产品。[②] 2020年1月至8月,中国和东盟贸易总值达到4165.5亿美元,同比增长3.8%,占中国外贸总值的14.6%。“东盟历史性地成为中国第一大贸易伙伴,形成了中国与东盟互为第一大贸易伙伴的良好格局。”[③]

因此,南海的国际合作应该置于这个大前提下,首先以公益性强的项目进行合作,多提供需求量大的、技术含量高的、基础设施投入高的、受益人众多的公共产品,如前所述的非传统安全领域等;另外可以由中国牵头建立数字南海,[④]逐渐转向与国家的实质性领域如油、气以及渔业等方面的合作,最终走

① 参见2018年11月13日李克强访问新加坡的报道:《李克强与新加坡总理谈了哪些务实合作?4段对话告诉你》。其中说道:“‘陆海新通道’要陆海并进,双向互联互通,这也将向南海地区发出一个和平的信号。”http://news.ifeng.com/a/20181113/60157994_0.shtml,最后访问日期:2018年11月13日。在这次李克强访问新加坡时,李克强说道:中新两国签署“陆海新通道”谅解备忘录,这将向南海地区发出一个和平的信号:我们要建设一个大的商业通道,一个繁忙的商业通道,而这必须要有南海的和平稳定作为支撑。另外,中国新加坡还签署了中新自贸协定升级版。作者注。

② 《共同构筑发展繁荣的美好未来——写在“一带一路”国际合作高峰论坛举办一周年之际》,https://www.yidaiyilu.gov.cn/xwzx/gnxw/55228.htm,最后访问日期:2018年5月14日。

③ 《中国与东盟进入经贸合作黄金时期》,http://www.chinanews.com/cj/2020/09-28/9302132.shtml,最后访问日期:2020年9月28日。

④ 中国已经发起了《二十国集团数字经济发展与合作倡议》《“一带一路”数字经济合作倡议》等倡议。在去年年底举办的第四届世界互联网大会上,中国、老挝、沙特、塞尔维亚、泰国、土耳其、阿联酋等国家相关部门还共同发起《“一带一路”数字经济国际合作倡议》,这标志着“一带一路”数字经济合作开启了新篇章。见《人民日报(海外版)》2018年4月30日,第10版。作者注。

向南海海洋的全面国际治理。[①]

结　语

南海问题是一个南海周边的国家以及利益攸关方的区域组织长期要面对的区域安全和政治、经济的重要问题，它的解决也是一个需要时间的过程。尤其是在2018年4月后美国的印太战略开始实施的情况下，[②]中国应该重视东盟一体化程度的加深及其在南海问题上的一体化式的表态，在解决南海争议时，既要考虑南海声索国的想法，也要采纳一体化程度在加深的东盟共同体的建议，同时中国作为相关的大国，在南海问题解决上要有自己的方案和建议。这些建议可以基于东盟共同体的一体化，通过借鉴成功的国际合作的范例，结合南海周边的国家以及利益攸关方的区域组织进行制度创新、路径创新，实现区域福利最大化、区域和平秩序化，为南海建立一个有效的长治久安的国际合

---

① 吴士存等提出要进行南海的全球海洋治理：认为全球海洋治理的理论和实践是海洋秩序从权力竞争的无序状态发展为以规则和机制为中心阶段后的产物。与此同时，作为海洋秩序的重要内容，海洋治理体系的架构也反映了秩序的权力与规则的安排结构。当前，国际和南海地区海洋秩序深度调整，海洋治理也随之进入新的发展阶段。中国与东盟国家应抓住当前南海海洋秩序调整的机遇，通过完善规则与规范，建立区域海洋治理合作机制网络，建立起基于规则的南海海洋治理体系。在这一过程中，中国应与东盟国家一道牢牢抓住主导权，并扮演与自身国力和地区影响力相匹配的角色。见吴士存、陈相秒：《论海洋秩序演变视角下的南海海洋治理》，载《太平洋学报》2018年第4期。但是笔者认为，南海最终是要走向全面国际治理，但是这在南海国际治理中要经过一个过程，即首先开启软法国际治理机制，在有一定成效后逐渐扩展到硬法国际机制的南海治理。

② 2018年4月后，特朗普政府明确提出了“印太战略”(Indo-Pacific Strategy)的概念，即构建“一个自由开放的印太”：美国国务院负责东亚和太平洋事务的副助理国务卿黄之瀚表示，所谓“自由”有两重含义：从国际层面来说，所有印太地区国家享有免于受胁迫的自由，可以依据某种主权方式追求其选择的道路；从国家层面来说，印太国家在政府治理、基本人权、透明度与反腐败等领域取得进展，社会变得更加自由。“开放”首先指的是海上通道与空中通道的开放，其次是基础设施领域的开放，再次是投资开放与贸易开放。6月2日，美国防部长马蒂斯在香格里拉安全会议上呼应了印太战略的提法，并进一步说明了美国印太战略关注的四个重大问题：(1)海洋公域的安全与自由，美国将支持伙伴加强海军与执法能力建设，提升他们管控与保护海上边界与利益的能力；(2)加强安全合作，提升与盟友和伙伴在装备与平台方面的互用性(interoperability)水平；(3)增进法治与透明治理；(4)支持私营部门主导的发展模式。引自陈积敏：《美国印太战略及其对中国的挑战》，www.OBOR100.com，最后访问日期：2018年10月20日。

作机制。固然,在一段时间内要同时兼顾多方利益而实现上述目标是有困难的,但是,这或许恰好给中国提供了一个展示中国参与全球和区域治理提出中国方案的时机,把握好这一时机,是中国的机遇也是挑战。

论投资者—东道国仲裁调解制度

——以中国—东盟自由贸易协定为例

刘　潇*

摘　要:为应对国际投资仲裁危机,中国—东盟自由贸易协定投资者—东道国争端解决机制(ISDS)可以尝试吸纳投资者—东道国仲裁调解制度,将投资者—东道国仲裁调解制度作为国际投资仲裁制度的必要补充。赋予投资仲裁庭调解职能,改变仲裁调解程序的软约束,制订区域内国家相互承认与执行调解协议的国际规则,允许调解协议转化为仲裁裁决,为承认并执行调解协议提供法律保障,引领区域投资者—东道国争端解决机制从法律上为基础传统模式向以利益平衡为基础的新模式转变。

关键词:中国—东盟;ISDS;投资者—东道国仲裁调解制度

一、问题的提出

本文以中国—东盟自由贸易协定为例,关注投资者—东道国投资争端仲裁机构受理后调解制度。投资者—东道国仲裁调解是指投资仲裁程序启动后,在当事人的请求或当事人的同意下,仲裁庭主持国际投资争议双方平等协商解决投资者—东道国争端的一种方式。投资者—东道国仲裁调解制度改变了当前仲裁与调解相互独立的二元结构,从独立走向融合。此处的投资争端是指外国投资者与东道国间的投资争端。投资争端解决机制是国际投资法中最具争议的研究主题,最主要原因是争端当事人和争端内容的特殊性。当事人特殊性表现在争端一方为外国投资者,另一方为有权管理该外国投资者的

* 刘潇,法学博士,上海市行政法治研究所助理研究员。

国家政府或其行政机关,二者构成了非平权的法律关系。“引起争端的原因也并非商业风险,而是国有化、征收、禁止汇兑外币、革命、暴乱、战争等政治风险。”[①]在国际法领域,解决此类争端的方式主要包括20世纪60年代之前投资者诉诸母国盛行的战争或外交手段,国家—国家间的国际司法或仲裁手段,投资者依据条约规定提起仲裁或调解,东道国当地救济等。不可否认,外国投资者可以在东道国境内采取行政救济手段或司法救济手段,依据法定的程序诉请东道国上级政府机关或者司法机关依法断决,此即当地救济,但外国投资者担心东道国受理者执法或司法不公,将该种手段作为“下策”。

国际投资仲裁是当今主要解决投资争端的方式。随着管辖权的扩张,国际投资仲裁面临着严重的合法性危机,其前景令人担忧。从国际法角度看,国际透支仲裁程序违反民主、法治、人权等基本原则;从东道国角度看,国际投资仲裁倾向保护投资者利益,增加了东道国履行双边投资协定的成本,因此损害了东道国的公共社会利益;从投资者角度来看,国际投资仲裁花费高、时间长、不可预测;学者批评其裁判不一致,非政府组织指出“其程序缺乏透明度,忽视了公共社会利益”。[②] 成本增加,一些国家拒绝履行仲裁裁决,一些国家在新的双边投资条约排斥通过投资仲裁方式解决争端。已有学者将目光转向调解制度,希望调解制度能够成为国际投资仲裁制度的有效补充方式。

在国际社会上,国际调解研究院和能源宪章秘书处积极推动调解制度在国际投资领域的适用。2012年,国际律师协会还通过了解决投资者—东道国争端调解规则。但其规定的调解制度仍然以当事人自愿为适用的前提,将传统的调解制度适用国际投资争端解决领域,未规定投资者—东道国仲裁调解程序规则,实现争端解决程序强制,实体利益自决。

“调解具有灵活、有效、高效快捷、与其他程序兼容等优点,但也存在调解协议软约束、调解经验和技术缺乏、常设的机构缺少、受用范围有限、耗时、缺乏保密性等问题。”[③]将调解制度融入国际投资仲裁能够有效实现仲裁和调解的优势。国际投资争端发生后,争端双方处于对立状态,一般不容易调解,但

---

① Claudia Caluori, Guidelines for Mediation in Investor-State Disputes, *Yearbook on International Arbitration* 6, No. 1 (2019), pp.257-266.

② Shu Shang, Responding to the ISDS Legitimacy Crisis by Way of Mediation: Implications from CEPA's Dispute Resolution Mechanism, *Journal of International Business and Law* 18, No. 2 (Spring 2019), pp.217-219.

③ Anna Joubin-Bret, International Dispatch: Investor-State Disputes, *Dispute Resolution Magazine* 20, No.1 (Fall 2013), pp.37-41.

随着仲裁程序中证据和事实的认定，双方当事人陈述和答辩，争议焦点显现，调解时机成熟。

中国与东盟签订的自由贸易升级版中的投资协议首次将调解制度引入争端解决机制中[①]，与之相比，中国与新加坡签订的自由贸易协定中的有关规定更近一步将调解制度融入国际投资阶段[②]。这些规定仍未发挥调解在国际投资争端解决中的作用。本文选取投资仲裁阶段仲裁庭进行的调解进行研究。晚近国外学者倡导调解制度作为投资争端解决方式（Wolf von Kumberg，2018；Shu Shang，2019；Claudia Caluori，2019），但并未提出有效的实现方式，本文提出了投资者—东道国仲裁调解制度，从而实现调解制度在国际投资争端解决中的有效适用。

二、中国—东盟投资者—东道国争端解决机制：从独立到融合

（一）仲裁、调解的二元独立

自 1985 年中国和泰国签订第一个双边投资协定以来，中国与东盟 9 国签订了双边投资协定。有关投资者和东道国争端解决方式经历了从无到有、从单一到多元的过程，初步建立了主要包括协商、当地救济、仲裁的多元纠纷解决方式。2001 年 12 月 12 日中—缅签订的双边投资协定中有关投资者和东道国投资争端解决方式是中国加入《解决国家与他国国民间投资争端公约》后与东南亚国家签订的第一个双边投资协定，首次规定了投资者可以向 ICSID 申请仲裁，有关投资者—东道国投资仲裁制度不断完善。遗憾的是，所有的双边投资条约中并无有关调解解决投资争端的规定。2009 年 8 月 15 日签订的《中华人民共和国政府与东南亚国家联盟成员国政府全面经济合作框架协议投资协议》（以下简称《中国—东盟投资协议》）第 14 条明确将调解引入投资条

---

① 2009 年 8 月 15 日在泰国曼谷签订的《中华人民共和国政府与东南亚国家联盟成员国政府全面经济合作框架协议投资协议》第 13 条、第 14 条规定了在自贸区内通过仲裁或调解制度解决因投资产生争端的解决方法，其亮点是将调解作为国际投资争端解决方式之一。

② 2008 年 10 月 28 日《中华人民共和国政府和新加坡共和国政府自由贸易协定》第 95 条规定了仲裁阶段灵活的调解规则。

约作为争端解决的方式。调解和仲裁在中国与东盟投资协定中同属相互独立的投资争端解决方式。

截止到2019年7月10日,中国、柬埔寨、菲律宾、新加坡、泰国加入《国际投资争端解决中心公约》。依据《解决国家与他国国民间投资争端公约》而设立的ICSID是世界上第一个专门解决国际投资争议的仲裁机构,专门解决投资者与东道国产生的投资争端。在该机制中东道国有条件地让渡一部分管辖权给ICSID及具有排他管辖权的规定都有利于平衡东道国与投资者间的关系,促进投资争端的解决。但该机制也存在不足:因仲裁裁决复核程序在实践中易被滥用成为不执行仲裁裁决的有力武器;程序的繁杂及裁决时间的冗长导致裁决效率不高;高额法律费用使很多争端者望而却步;此外,无论是从规则或是以往ICSID裁决的案例来看,都较多倾向保护发达国家的利益。

表1　中国与东盟各国所规定的投资者—东道国争端解决方式[①]

序号	条约名称	争端解决方式
1	1985年3月12日《中华人民共和国政府和泰王国政府关于促进和保护投资的协定》	无
2	1985年11月21日《中华人民共和国政府和新加坡共和国政府关于促进和保护投资协定》	协商、法院、仲裁
3	1988年11月21日《中华人民共和国政府和马来西亚政府关于相互鼓励和保护投资协定》	协商、当地救济(包括申诉、司法)、仲裁
4	1992年7月20日《中华人民共和国政府和菲律宾共和国政府关于鼓励和相互保护投资协定》	协商、仲裁
5	1992年12月2日《中华人民共和国政府和越南社会主义共和国政府关于鼓励和相互保护投资协定》	协商、当地救济(司法)、仲裁
6	1993年1月31日《中华人民共和国政府和老挝人民民主共和国政府关于鼓励和相互保护投资协定》	协商、当地救济(司法)、仲裁
7	1994年11月18日《中华人民共和国政府和印度尼西亚共和国政府关于促进和保护投资协定》	协商、当地救济(司法)、仲裁
8	1996年7月19日《中华人民共和国政府和柬埔寨王国政府关于促进和保护投资协定》	协商、当地救济(司法)、仲裁
9	2001年12月12日《中华人民共和国政府和缅甸联邦政府关于鼓励促进和保护投资协定》	协商、当地救济(司法)、仲裁

① 我国对外签订双边投资协定一览表(Bilateral Investment Treaty),http://tfs.mofcom.gov.cn/article/Nocategory/201111/20111107819474.shtml,最后访问日期:2019年7月21日。

(二)调解融入投资仲裁:仲裁调解制度

2008 年 10 月 28 日,中国与新加坡签订的《中华人民共和国政府和新加坡共和国政府自由贸易协定》第 95 条规定了仲裁阶段调解方式解决争端的规定。在中国与新加坡自由贸易区内投资者—东道国投资争端中,在仲裁阶段经投资者与东道国双方同意,任何机构和个人可以作为调解人对投资争端进行调解。当然,调解人的范围包括仲裁庭。因此,仲裁调解方式成为中国与新加坡解决投资争端的合法方式,包含调解制度的仲裁制度,即混合型的争端解决方式形成。投资者—东道国仲裁调解制度意味着投资者与东道国在争端解决过程中由对抗走向对话,由胜负走向双赢,有助于实现东道国利益和投资者利益的再平衡,成为中国与东盟国家建立的第一个以利益为基础的争端解决方式,给中国东盟自由贸易区内投资争端解决方式提供了范式。

投资者—东道国调解是一种与现有的争端解决制度相独立的争端解决方式,相对于国际投资仲裁制度,投资者—东道国仲裁调解制度具有经济、高效、增强互信,表达各方基本的权益,维持争端双方友好关系,最终实现争端各方的合理选择等优势。此外,基于调解的灵活性,调解程序中允许利益相关方参与,平衡了投资者—东道国投资争端保密性和透明度张力。国际投资仲裁和仲裁庭调解分属两种不同性质的争端解决制度。首先,仲裁是法律手段解决争端的方式,而调解属于私力救济,根本属性不同。其次,价值目标和基础不同,仲裁依据投资合同中的仲裁协议或仲裁条款,仲裁条约中的保护伞条款,进行居中裁判,裁判的主要依据是国际法或国内法,而仲裁调解要实现争端双方的利益最大化,参考政治、经济利益等多种因素,并非完全依据法律。再次,仲裁和仲裁调解对争议案件事实的证明标准是不同的。仲裁由严格的程序、证明标准和证明责任制度,而调解具有灵活性,并无严格的程序要求及证明标准和证明责任制度。最后,调解委员会调解不成,不影响争议双方尤其是投资者的法律权利,包括申请仲裁或诉讼的权利,不受调解过程中承认的事实和证据约束。

《中国—东盟全面经济合作框架协议争端解决机制协议》(以下简称《争端解决机制协议》)第 2 条规定:该协议适用于将来依据《中国—东盟自贸区框架协议》达成的所有法律文件,因此,该机制可作为中国与东盟投资纠纷的解决途径,它以仲裁为核心程序,提出通过磋商、调停或调解、仲裁庭仲裁、仲裁裁决的执行、补偿和中止减让等作为解决争端的具体方式。其具有准司法性、适用范围广、选择管辖与排他管辖相结合等优点,然而,该机制适用主体的局限

性、受案范围的有限性及制度与实践背离成为制约解决中国—东盟自贸区投资争端的重要因素。

《中国—东盟投资协议》第13条、第14条规定了在自贸区内因投资产生争端的解决方法，其优点在于：设置了国家—国家程序及国家—投资者程序；通过肯定式和否定式列举，明确了争端的受案范围。该协议虽然规定了多种争端解决规则可供争端方选择，极大地赋予了争端方较大的选择权，但这些规则参考的是西方发达国家所制定、适用的规则，对以发展中国家组成为主，其情况较为复杂的中国—东盟自贸区有着不适之处，因而很少适用。

后现代法学为投资争端仲裁调解制度的研究提供了新的探索方法和理论。“后现代法学主张从多维度、多视角、多元化而非唯一性、至上性、一元化地研究法律现象和法律问题。”①其最大的特征就是批判和挑战现代法学，反对用统一的标准和规则来规范世界秩序，主张多样化和差异化，注重个人的感受和体验。后现代法学试图从社会大众的角度出发，让纠纷的解决摆脱“正规”的法律解决途径，打破法律至上的固有观念，转而发挥出社会大众的自治作用，通过非对抗形式更高效地解决纠纷。可以说，后现代法学理论为投资者—东道国仲裁调解制度的研究提供了坚实的理论基础。

在国际社会，调解方式成为商事纠纷解决的重要方法，但并未规定仲裁调解制度。例如1980年12月4日联合国通过的《联合国国际贸易法委员会调解规则》规定：“认识到以调解作为友好解决国际商业关系上的争端的一种方法的价值，深信制订不同法律、社会和经济制度的国家都能接受的调解规则将大有助于发展和谐的国际经济关系。”另外，《能源宪章条约》第26条允许争端各方同意利用现有机制进行斡旋，有组织地谈判，甚至商定一种专门的机制。中国商事调解起步相对较晚。2002年，国际贸易法委员会正式公布了《国际商事调解示范法》，该法共4条，内容涉及适用范围、调解程序、调解后的问题等。调解可以提高争端解决的效率，避免资源的浪费，调解因此也获得“东方价值”“东方瑰宝”的美誉。“一带一路”调解中心的性质属于调解机构，设立该调解中心旨在为争端各方提供调解平台，从场所、人员、资料等方面为当事各方提供服务。涉外调解机构调解，即在成立于1987年的“北京调解中心”进行调解。该中心备有调解人员的名册，可由当事人任选并由该中心主持调解。该中心与设于德国柏林的“北京—汉堡调解中心”共同制定了“联合调解”制

① 吕宁、张宇坤：《对后现代法学思潮的审视与反思——兼论对中国法治建设的意义》，载《理论月刊》2010年第5期。

度,可在北京、汉堡或当事双方与调解方商定的其他地点进行“联合调解”。

国内外知名仲裁机构也提供调解业务,如解决投资争端国际中心(ICSID)、中国国际经济贸易仲裁委员会、国际商会仲裁院等国际知名仲裁机构。这些著名仲裁机构都拥有解决国际争端的丰富经验和掌握丰富知识技能的专业人才以及良好的口碑,由他们来调解解决政府和投资者之间的争端,当事双方都是比较容易接受的。

其他民间机构也积极倡议调解制度解决纠纷。带有民间性质的其他各种外商投资服务机构也积极倡议使用调解制度解决纠纷,如国际调解研究院、投资促进中心、外商投资企业协会等。

综上,投资仲裁调解是仲裁庭在案件受理后主持调解,有着理论和实践基础,能够有效融合调解和仲裁各自优点,发挥整体功能,公平解决投资者—东道国争端。

三、中国—东盟投资者—东道国仲裁调解价值取向:利益的再平衡

过去60多年中,国际投资争端解决方式完成了从政治权力向法律权利转变,当今开始了以法律权利为基础的争端解决方式向利益均衡为基础的方式转变。历史上,投资者在东道国的财产被征收征用得不到赔偿时,往往诉诸其母国救济,即所谓的外交救济,其实质为国际社会国家政治权力救济机制。自20世纪60年代末,为促进和保护投资,在世界银行的组织下建立了解决投资者和国家间争端中心,越来越多的投资争端通过投资仲裁这一法律方法来实现救济。

现阶段,中国与新加坡投资者—东道国仲裁调解以投资争端当事人自愿选择为基础。为有效解决争端,争议双方可以在仲裁阶段自由决定通过仲裁调解作为解决投资争端的方式。投资者—东道国仲裁调解得以解决当事人的争议并非源于国际条约授予的权利,而是源于争端双方的自愿。处理争议的调解者基本上都是仲裁机构的仲裁员,而且仲裁员一般由当事人选定,具有非官方性。因此,当代中国与东盟国家投资者—东道国仲裁调解具有当事人意识自治的属性。仲裁调解无须调解协议,任何一方均无权利强迫另一方参加调解,即使另一方已经承诺以调解方式解决争议,此后反悔,调解仍不能继续进行。

当实质利益发生冲突时,若投资者—东道国仲裁调解无强制性,其有可能

丧失其存在的现实基础,这成为该制度的致命缺陷。因此,投资者—东道国仲裁调解应当具有程序上的强制性,即调解成为国际投资仲裁庭仲裁过程中的必经程序。在争端当事人明确反对的情况下,才直接进行仲裁,功能类似于英美法系的“冷静期制度”[①],另外可以通过规定投资者—东道国仲裁调解时限提高该制度的效率。

法经济学为投资者—东道国仲裁调解制度有效实现投资争端双方的权益最大化提供了理论基础。法经济学以个人理性和个人主义作为其研究方法的基础,以效率作为其核心的衡量标准,以成本—收益及效用最大化作为基本分析工具。个人理性体现在经济活动中就是假定每一个个体作为“理性”的个体,在作出决策前都会进行理性的分析,对投入—产出进行比较,使得自身所支配的资源达到效益最大化,所反映出来的市场经济原则为自由、效率,这种观念映射入国际投资法领域就体现为个人权利的最大化实现,人们在解决投资纠纷时会充分考虑到个人权利的最大化实现问题。那么如何充分利用各种司法资源、非司法资源来解决纠纷,就成了个体在选择最优解决方案时所要考虑的问题。而诉讼在纠纷解决的过程中,需要当事人投入较长的时间和成本,当事人不但要预先支付诉讼费和律师费,还要承担败诉的风险,如果案件复杂,时间和经济成本会更大,从这个角度来说,“与其他纠纷解决方式相比较而言,诉讼永远是一种成本最高的救济方式,而且,更为严重的是,费用高的问题是无法从根本上解决的,它是诉讼制度无法治愈的痼疾”。作为一个理性的个体,在衡量诉讼与非诉讼方式解决争端时,往往会考虑成本、风险以及效率的因素,而调解制度在这方面具有形式灵活、成本低、效率高、风险小的优势,因此,一个理性的当事方往往在权衡利弊之后会倾向于选择调解来解决纠纷,这就是法经济学思想解释投资争端适用调解制度的原因。

博弈论为投资者—东道国仲裁调解制度的实现提供了理论假设。博弈论是指竞争双方在平等的对抗中通过预测对方的策略来改变自身的策略,以达到最终战胜对手的目的。博弈论运用数学来分析冲突,从而寻找最优策略,这一点正是调解制度所需要借鉴的,当然,调解制度并不需要运用数学的分析方法,但本质上都是要求在纠纷的解决过程中通过博弈达到双方共赢的目的,而双方博弈的结果往往是通过互助、合作的方式实现共赢。双方在博弈过程中

---

① Jack J. Jr. Coe, Toward a Complementary Use of Conciliation in Investor-State Disputes—A Preliminary Sketch, *U.C. Davis Journal of International Law & Policy* 12, No. 1 (Fall 2005), pp.7-46.

会分析通过对抗与其他方式解决纠纷的利弊，进而采取相应的对策，而博弈的结果往往会采用对抗方式之外的其他方式来解决纠纷，这就是博弈论能够促进和解，进而推动调解制度适用的原理。

综上，投资者—东道国仲裁调解制度在投资争端解决中有其制度理性，能够有效实现投资者和东道国的利益再平衡。一般情况下，在投资仲裁中，调解委员会可以按照当事人各方约定的程序查明争议的事实，然后对争议双方进行面对面或背对背的调解，协助双方分析争议问题，从中找出妥善解决争议的方案；或促使当事人达成和解协议，或是自行提出解决争议的方案。无论是当事人自行达成的和解协议，还是调解员提出的解决方案，当事人可以拒绝，也可以接受。如果当事人接受了调解员提出的解决方案或自行达成了调解协议，调解即告成功；如果调解失败，当事人可以寻求仲裁方法解决争端。

四、中国—东盟投资者—东道国仲裁调解程序的价值追求：程序正义

投资者—东道国仲裁调解程序实质为调解制度与仲裁制度的有效衔接，基于调解程序的自治性和灵活性，其中争议最大的问题是仲裁员和调解员相互转化是否能够保障程序正义。身份决定地位，身份决定功能。“仲裁员在仲裁调解程序中转变为调解员，这不仅是称谓上的要求”[①]，而且地位、职能也发生了转变，从居中裁判者变为纠纷解决的平权者，拉近了三方的距离，平等对话，促进调解。“然而在投资仲裁调解中，调解员与仲裁员相互转化存在争议。”[②]一般认为仲裁调解分为两种模式。一种为仲裁和调解相分离模式，即仲裁员不能当然成为调解人，仲裁和调解属于不同性质的争端解决方式，故仲裁过程和调解过程为各自独立的程序；另一种为混同式，仲裁和调解无明确的界限，仲裁员和调解人为同一主体的模式。不难看出，分离模式实质上是国际投资仲裁程序和调解程序的并用，和通常所使用的仲裁程序和调解程序并无差异，只是两种争端解决方式的并用。因此，混同模式是本文研究的类型。

混同式具有国内法实践。《中华人民共和国仲裁法》第 51 条、第 52 条对

---

① 蒋婷、刘瑾谨：《调解话语中仲裁员的身份建构——以称呼语的语码转换为视角》，载《社会科学研究》2014 年第 3 期。

② 张德翠：《仲裁员和调解员身份互换规范的比较与借鉴》，载《政治与法律》2012 年第 8 期。

仲裁中的调解作了规定,确立了仲裁调解制度,成为我国仲裁制度的重要组成部分。仲裁庭内调解融合了仲裁和调解的优点。对于仲裁员是否可同时担任调解员,学界有不同看法,但调解员做仲裁员并无不妥,因为调解员通过调解更了解案情,因此可以更有效地仲裁。综合言之,主张仲裁员与调解员合一的观点有着实践基础和正当理由。在国际社会仲裁立法方面,1985 年制定的《联合国国际贸易法委员会国际商事仲裁示范法》第 30 条"和解"中规定在仲裁程序中,当事人达成和解协议的,仲裁程序终止,经各方当事人提出请求而仲裁庭无异议的,还应当按和解的条件以仲裁裁决的形式记录和解,和解记录和其他仲裁裁决具有同等的法律效力。另外,世界知识产权组织(WIPO)1994 年成立了仲裁和调解中心,主要解决商事争端。该中心的《调解规则》第 13 条规定,在当事人明确同意之下,调解员可以作为独任仲裁员进行仲裁,调解员可以在仲裁程序中对其在调解程序中了解到的情况进行考虑。本条明确了在尊重当事人合意的前提下,调解员和仲裁员身份可以合一。与此类似,该中心的《仲裁规则》第 49 条也对仲裁中的调解规则进行了规定。当事人可以申请仲裁庭调解,仲裁庭也可以建议当事人进行调解,当事人同意调解的,仲裁程序中止。当事人达成和解协议的,仲裁程序终止。

五、中国—东盟投资者—东道国仲裁调解实现:调解协议的执行

投资者—东道国仲裁调解成功,可以由调解委员会制作调解书;调解不成功,投资者可以申请转为仲裁程序,继续审理,最终制作仲裁书,但缺少强制执行调解书的法律依据。因投资者—东道国争端实际上由仲裁庭主持调解,当事人可以请求仲裁庭制作仲裁书。依据 1965 年《关于解决国家和他国国民之间投资争端公约》,所有缔约国都有义务承认并执行其作出的仲裁裁决。这是仲裁裁决得以作出的法律基础。但到目前为止,在中国—东盟自由贸易区内,仅中国、柬埔寨、菲律宾、新加坡、泰国加入了《关于解决国家和他国国民之间投资争端公约》。因此,即使是投资仲裁裁决,在老挝、文莱、缅甸、马来西亚等国仍有国际投资仲裁裁决执行不能的法律风险。所有缔约国的法院均不可对公约裁决进行实质审查,亦不得撤销相关裁决。《关于解决国家和他国国民之间投资争端公约》第 5 条规定了几项承认和执行条约裁决的例外,包括仲裁协议无效、当事方未能适当申辩、仲裁庭越权、仲裁庭的组成违反协议、裁决被裁决地或准据法国家撤销、依申请执行的所在地法律裁决为不得仲裁事项、裁决

违反申请执行地的公共政策等。即使缔约国法院因一个条约裁决符合第 5 条的例外条件而不予承认与执行,亦不得撤销相关裁决。值得指出的是,第 5 条规定的例外条件并非易于满足。虽然 1958 年的《纽约公约》一直被视为相当有效的制度,但因东盟区域内少数国家至今尚未加入该条约,本区域内仍然存在仲裁裁决难以执行的法律风险。

在国际社会上并无专门的强制执行机构,争端败诉方对裁决的执行完全靠自律,因此可能面临执行难的问题。但是投资者—东道国仲裁调解协议是争端双方在双方诚实信用的基础上达成的,应当得到双方的认可,调解协议的执行可以由争议各方自觉执行,否则将受到国际社会的压力。另外,将来调解制度会国际投资领域普遍使用,如何保障调解协议的强制执行成为研究的重点。中国与东盟国家间倡议制订了多变的仲裁调解协议相互承认和执行的国际规则或条款,从而保障了投资者—东道国仲裁调解协议的有效执行。

结　语

新时期,中国与东盟国家间的相互投资累积存量不断提高,投资风险逐渐增多。自 20 世纪 90 年代开始,中国已经成为资本输入大国,面临着被诉的风险。近年来中国企业“走出去”步伐加快,东盟十国成为中国投资的重要目的地。中国企业在东盟国家面临的投资政治风险较高,亟须多元有机的争端解决机制来救济。当代国际投资仲裁机制因倾向保护投资者利益,而忽视东道国公共利益而饱受诟病,要求改革的呼声越来越高。国内外学者聚焦于投资仲裁的改革,提出了各种方案,但忽视了投资者—东道国仲裁调解制度的有效作用。本文重新反思国际投资者—东道国仲裁调解制度在投资争端解决中的地位,论证了仲裁调解制度在投资者—东道国利益再平衡中的价值实现,认为有必要完善中国—东盟自由贸易区内投资者—东道国仲裁调解制度,构建以利益均衡为导向的投资者—东道国争端解决机制。

日本民用核能法律制度发展对中国—东盟合作的创新思考*

许　俊**

摘　要:日本民用核能法律制度先后经历了三大发展阶段,形成了较为系统、完整的民用核能法律规则体系。福岛核事故以前,民用核能法律制度上存在诸多问题。以2011年福岛核事故的发生为转折点,日本从理论构建、制度架构、司法实践三大方面建立起了一套具有日本特色的民用核能法律制度体系,其民用核能法律制度具有了一定的科学性与实践性。通过对日本特色民用法律制度发展进行剖析,对中国民用核能法律制度改革提出应对策略。

关键词:日本;民用核能法律制度;核安全

一、问题的源起

日本经济在“二战”之后,处于高速发展时期,作为能源消费大国,其本土能源资源极为匮乏,2011年3月11日发生的日本福岛核泄漏事故成了全球各国关注的焦点,也激起了日本对民用核能制度政策的关注与思考。正如日本大学教授的质疑“日本福岛核事故的情报公开不足,政府与东京电力公司也存在内部情报操纵问题”①。日本国会、政府也有鉴于此事故进行深刻反思,对本国的民用核能法律制度进行了大刀阔斧、前所未有的修订与完善。为配合民用核能法律制度的“去旧图新”,截至2018年2月6日,日本废弃了包含

---

* 本文系国家社科基金项目“民用核能安全保障国际合作法律问题研究”(17BFX154)、“福岛核事故后日本民用核能法律制度新发展对中国的启示”(2018XZXS-053)的阶段性成果。

** 许俊,西南政法大学国际法学博士研究生。

① 松岡俊二:《福島第一原子力発電所事故と今後の原子力安全規制のあり方》,载《アジア太平洋討究》18卷(2012年)。

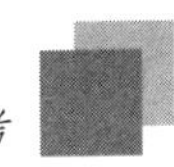

2011年福岛核事故发生的福岛第一核电站第一号至第六号机组在内的原子炉共计13座，这一期间废弃的原子炉数量也达到了日本历史总废弃原子炉数量的72.22%[①]。同时，日本商用核电站平均设备利用率在2017年才缓慢爬升至月均8.4%[②]，截至最近的2017年1月至12月日本核电站全年发电量为30514559MW(兆瓦)时[③]。在2018年1月，日本原子力产业协会(JAIF)指出了在污染水对策、乏燃料取出、燃料碎片取出、有关废弃物处理的四大目标工程时间路线图，并分别设定了四大关键时间节点[④]。日本以福岛核事故为契机，在民用核能法律制度领域掀起了新一轮的完善与变革之风；而我国乃至东盟的民用核能立法进程也如同世界上大多数国家民用核能立法发展进程。一方面，自1981年日本—东盟中心(ASEAN-JAPAN CENTRE)成立，能源合作也一直是日本—东盟合作的主要领域，但伴随着福岛核事故的发酵，越南、泰国、印度尼西亚、菲律宾等东盟成员国重新审查核电项目或表示暂时撤回、撤销核电建设计划[⑤]，并进一步参考日本有关立法、行政动向、社会团体实践以全面充分评估核电潜在风险，而截至2018年2月仍没有一座于东盟运行的核电机组[⑥]；另一方面，2011年的日本福岛核事故亦成为推动我国核安全法加速推进出台的"催化剂"[⑦]，并最终促成我国首部保障核安全的"母法"[⑧]《中华人民共和国核安全法》于2017年9月1日通过，填补了我国法律在核安全领

---

① 日本原子力産業協会国際部:《日本の原子力発電炉(運転中、建設中、建設準備中など)》,2018年2月6日。

② 日本原子力産業協会国際部:《日本の原子力発電炉(運転中、建設中、建設準備中など)》,2018年2月6日。

③ 日本原子力産業協会国際部:《わが国の原子力発電所の運転実績(2017-12)》。

④ 日本原子力産業協会:《中長期ロードマップのおけるマイルストーン(主要な目標工程)》,http://www.jaif.or.jp/180129-1/,最后访问日期:2018年2月6日。

⑤ ASEAN JAPAN:《アセアン各国の原子力発電》,http://www.asean-j.net/12182/,最后访问日期:2019年1月25日。

⑥ 原子力委員会:《資料編6.世界の原子力の基本政策と原子力発電の状況》,www.aec.go.jp/jicst/NC/about/hakusho/hakusho2018/s6.pdf,最后访问日期:2019年1月25日。

⑦ 《中国核安全的立法轨迹》,人民网,http://www.npc.gov.cn/npc/zgrdzz/2017-01/10/content_2005962.htm,最后访问日期:2018年1月25日。

⑧ 《核专家:中国应尽早制定核安全法》,新华网,http://news.xinhuanet.com/2013lh/2013-03/06/c_114917495.htm,最后访问日期:2018年1月25日。

域的体系化空白,也回应了有关领域学者就此方面的呼吁[①],但作为民用核能法律制度后进国仍然存在着制度设计不足与执行不到位等问题。综上所述,日本民用核能法律制度无论是从立法系统性、完善程度还是从司法适用来体察都具有较高的水平。正如习近平总书记所提出的总体国家安全观也通过作为我国民用核能安全领域"母法"的《中华人民共和国核安全法》得以进一步贯彻落实,并为在全社会营造良好的核事业发展氛围形成重大推力。[②] 一般,通过对具有较高水平的日本民用核能法律制度的研究分析,从短期看有助于我国原子能法的制定[③],从长远看有助于我国民用核能法律制度乃至总体国家安全观、中国东盟"能源命运共同体"的贯彻落实与发展。

二、日本民用核能法律制度的必要性

创新研究日本民用核能法律制度的必要性体现在如下方面:

第一,日本作为民用核能法律制度领域先进国家,其有关传统能源法律制度,如核裂变能有关制度;乃至新能源法律制度,如太阳能、风能、地热能、海洋能有关制度都是中国、东盟学者在过去一段时间主要研究、分析[④]的对象,"燃油税、能源税等消费税种在许多欧洲国家和日本长期实施,促进了能效提高和技术开发,收到了显著的节能效果,有的国家还对 CO_2 排放征税,这些政策可供我们研究借鉴"[⑤]。由此可见,从 2011 年福岛核事故发生到日本民用核能法律制度不断发展、革新的今天,研究日本民用核能法律制度的实务重要性与理论内在价值,同时也对由于日本福岛核事故推动《中华人民共和国核安全

---

① 尹生:《日本福岛核事故损害赔偿责任:中国的应对与启示》,载《法学评论》2013年第2期。

② 《沈跃跃:贯彻实施好核安全法　依法保障核安全》,中国人大网,http://www.npc.gov.cn/npc/xinwen/syxw/2017-12/21/content_2034210.htm,最后访问日期:2018 年 1 月 26 日。

③ 《关于〈中华人民共和国核安全法(草案)〉的说明》,中国人大网,http://www.npc.gov.cn/npc/xinwen/2017-09/04/content_2028302.htm,最后访问日期:2018 年 1 月 26 日。

④ 例如吴志忠:《日本新能源政策与法律及其对我国的借鉴》,载《法学杂志》2013 年第 34 期第 1 卷;尹生:《日本福岛核事故损害赔偿责任:中国的应对与启示》,载《法学评论》2013 年第 2 期;吴志忠:《日本能源安全的政策法律及其对中国的启示》,载《中国法学会国际经济法研究会年会》2009 年。

⑤ 江泽民:《对中国能源问题的思考》,载《上海交通大学学报》2008 年第 3 期。

法》立法并于2018年1月1日起生效的我国而言大有裨益；而在2018年第15回东盟10+3(中、日、韩)能源部长共同声明第8条中也明确运用日本核能研究开发机构(JAEA)的核不扩散、核安全综合支援中心(ISCN)知识信息以促进有关核安全、核安保的人才培养的立场。

第二,国家主席习近平在2014年访欧期间,不断助推中国核电“走出去”。在2016年第四届核安全峰会上习主席又围绕构建公平、合作、共赢的国际核安全体系发表重要讲话,其中强调中国既要加强本国核能安全并又要为积极推进国际合作作出重要努力。[①] 民用核能要走出去,安全保障合作是关键,我们有义务对此进行深入研究。随着全球能源需求的持续扩大和环境保护压力的不断增加,大部分国家对发展核电的兴趣和热情越来越高涨,纷纷将民用核能发电作为对环境以及经济发展都有积极作用的一种潜能巨大的发展动力。[②]

第三,一国民用核能法律制度的发展很大程度上离不开国际能源制度与相应合作机制的建构,尤其我国当前伴随“一带一路”倡议的推进,以“华龙一号”为代表的核电技术也成了“一带一路”的“名片”。据中核集团预测,“一带一路”沿线国家的核电合作,将直接撬动3万亿产值规模的市场[③]。这也符合国家主席习近平在第四届核安全峰会上发表的重要讲话精神,其中也强调了加强国际核安全体系,推进全球核安全治理的未来核安全导向[④]。我国在“一带一路”发展中已经并将长期进行大量的核技术输出,虽然尚未发生核事故,但需要借鉴日本福岛核事故以来新发展经验教训。因此,通过研究日本民用核能法律制度,一方面可以使发展起步较晚的我国民用核能法律制度与日本、

① 在2016年4月1日第四届核安全峰会上习主席发表的题为《加强国际核安全体系,推进全球核安全治理》的重要讲话中,围绕构建公平、合作、共赢的国际核安全体系,全面阐述中国的主张,宣布中国加强本国核能安全并积极推进国际合作的举措。参见《习近平出席第四届核安全峰会并发表重要讲话》,人民网,http://cpc.people.com.cn/n1/2016/0403/c64094-28246978.html,最后访问日期:2016年10月6日。

② 岳树梅:《民用核能安全保障国际合作法律机制构建研究》,载《武大国际法评论》2017年第4期。

③ 《“一带一路”沿线国家核电合作将直接撬动3万亿产值规模市场》,中国科技网,http://www.stdaily.com/zhuanti01/dxhdz/2018-02/05/content_633494.shtml,最后访问日期:2018年2月25日。

④ 《习近平在华盛顿核安全峰会上的讲话(全文)》,新华网,http://www.xinhuanet.com/world/2016-04/02/c_1118517898.htm,最后访问日期:2018年1月26日。

法国、美国等民用核能法律制度先进国的有关制度接轨,从而减少在国际民用核能制度及相关合作机制构建上的分歧与不当差异;另一方面,日本作为与中国毗邻的民用核能大国,对日本民用核能法律制度的研究有利于我国参与包括东盟在内的周边区域民用核能合作组织的建立,对我国周边区域核事故的及时协调、应对处理以及保障民用核能安全有一定的积极作用①。

第四,由于福岛核事故的发生以及日本民众对于核安全的重视等原因,日本法院有关民用核能法律制度的适用案例达到了一定的数量②,更多地体现出了一种在司法层面的运用与实操性,比如核电站的司法控制与核污染民事损害赔偿。有鉴于此,日本民用核能法律制度得到了大量司法实践的检验并得以进一步修订、完善。对日本民用核能法律制度的研究对于中国东盟民用核能法律制度将来长效化可持续实施、适用能够提供有效的理论、立法、司法的参考与支撑。

三、福岛核事故之前日本民用核能法律制度

日本民用核能法律制度发展至今,主要包括三大阶段,其中福岛核事故之前经历了两大阶段:首先自 20 世纪 50 年代以 1955 年公布的《原子能基本法》为标志,日本当代民用核能法律制度正式迈入起步的第一阶段;其次自 20 世纪 60 年代以 1961 年《原子能损害赔偿法》《原子能损害补偿协议法》为标志,迅猛发展的第二阶段。具体来说:

(一)日本民用核能法律制度的历史沿革

第一阶段,日本当代民用核能法律制度首先要追溯到 1955 年 12 月公布

① 岳树梅:《民用核能安全保障国际合作法律机制构建研究》,载《武大国际法评论》2017 年第 4 期。

② 笔者以核能(“原子能”)作为全文关键词在日本法院判例库进行搜索共获得 224 件结果,但考虑到可能存在法定不公开以及部分案件的生效裁判文书所援引的法律依据并非民用核能法律法规等情况,所以在这里作概括性表述处理,具体后文会有详细数据分析。参见日本裁判所(Courts in Japan),http://www.courts.go.jp/app/hanrei_jp/search,最后访问日期:2018 年 1 月 26 日。

的第一部民用核能基本法《原子能基本法》[①]与1956年9月日本原子能委员会制定的《第一次原子能研究开发利用长期计划》，其中后者首次提出了开发高速增殖炉，实现燃料制造和核废料再处理的国产化目标[②]，并从此日本民用核能正式纳入其民用核能法律制度与政策框架下。

第二阶段，此后伴随着1961年《原子能损害赔偿法》的颁布，填补了民用核能在损害赔偿领域基本法的空白，并且建立了原子能损害赔偿下原子能运营者、保险公司、国家的三方机制与争端解决制度，在该法问世出台时是一部具有划时代意义的民用核能损害赔偿基本法，但由于关于国家补偿合同制度、提存制度与国家补偿、援助制度等规定得并非十分完善、具体，导致在后期适用时无适当后续措施制度来规范衔接，于是分别于1961年与1962年颁布了《原子能损害补偿协议法》与《原子能损害赔偿法律执行条例》对以国家补偿与提存制度为主的有关具体内容进行了完善与细化。经过以上发展，形成了以上三部法律法规为主的较为系统的国内民用核能赔偿体系，但对于原子能损害赔偿领域中国家援助制度，尤其是具体的财政给付以及资金支持以及有关财务会计制度方面仍未予以较为有效的完善、衔接，由此以2011年福岛核事故为契机，日本相继就有关民用核能损害赔偿法律与会计制度进行进一步完善并进入了新阶段。

(二)福岛核事故之前日本民用核能制度存在的问题

日本民用核能法律制度即使经历了前两大历史发展阶段完善，在2011年东日本大地震“天灾”诱发下，福岛核事故中暴露的一些“人祸”制度问题也凸显出来，并在很大程度上成了本次核事故首当其冲的原因，主要包括如下方面：

1.缺乏相关配套技术标准

作为福岛核事故罪魁祸首的福岛第一核电站第一号至第四号机组，第一，自1971年正式开始运营到事发时已经服役超过40年，是事发时日本运转时间最长的民用原子炉，设备老旧化问题严重，却无任何维护或者有效监察乃至

---

① 指依据昭和30年(1955年)12月19日法律第186号公布并于1956年1月1日起开始正式实施的《原子力基本法》(《原子能基本法》)，现已被昭和42年(1967年)7月20日法律第72号《原子力基本法の一部を改正する法律》(《原子能基本法(部分)修订法令》)等改正法令改正。

② 范纯:《日本福岛核泄漏事故的法律省思》，载《法学杂志》2012年第33卷第5期。

废炉计划,同时在2010年6月17日,即事发前9个月,曾爆出福岛第一核电站有关事发机组由于设备老化在外部电源断绝的情况下预备紧急电源未有效且及时切换的问题,存在核电站使用与寿命技术标准不明确以及执行不到位的问题,与此相对,美国则明文规定了30年的有效期限制[①];第二,该四套事发机组属于BWR(Boiling Water Reactor,沸腾水型原子炉),是原子炉技术中比较早期的技术类型,在事发时日本已建造的新原子炉以及后续建造计划中已被新型ABWR与APWR原子炉技术淘汰,以事后的2018年为例,日本在建以及准备建设的共计9座发电原子炉中,6座为ABWR,3座为APWR新型炉型,分别占到了66.67%与33.33%,总计达100%[②],存在原子炉技术落后,更新换代技术标准与监察制度缺位的问题;第三,当时使用的技术为美国GE公司技术,是纯粹引进的美国技术,其中一号机是完全美国建造,而二号机到四号机也是依据美国设计图由东芝与日立单独或联合建造的,在20世纪60年代至70年代初期日本并不具有完全独立建造原子炉的能力[③],在事发后日本的法律学者与技术专家不约而同地指出了该四座核电站缺乏本国技术前期建造与后续支持、导致可靠性与可持续性降低,存在技术标准乃至相应监察制度没有得到有效贯彻的问题。

2.专家、政府等第三方保障与监察缺位

根据2011年12月26日公布的福岛核事故中间报告书,东京电力公司早在2008年便已通过科学研究得知存在超过福岛第一、二核电站安全防护堤的高达15.7米的海啸的可能性研究报告,却迟迟未予发表公布。正如山本尚利教授指出直至事发前的3月3日也以需要对该事项的公布进行进一步斟酌、考虑为由向文部科学省请求推迟向国民公布的计划,其中明确地体现了关于这点专家与政府等第三方的"后知后觉",即第三方保障与监管制度缺位;另一方面,由于东京电力公司通过试算得出"若进行为期4年的防护堤改造工程,将花费数百亿日元,并且一旦着手执行,有关费用成本很可能成为无底洞"的结论,以此为理由,东京电力公司作出了无视超大型海啸可能性的公司内部决

---

① 山本尚利:《東京電力福島第一原子力発電所事故にみる技術経営(MOT)の課題》,载《早稲田国際経営研究》43卷(2012年)。

② 日本原子力産業協会国際部:《日本の原子力発電炉(運転中、建設中、建設準備中など)》,2018年2月6日。

③ 山本尚利:《東京電力福島第一原子力発電所事故にみる技術経営(MOT)の課題》,载《早稲田国際経営研究》43卷(2012年),第69~73页。

策，这也被认为是导致福岛核事故发生的矛头所指。[1] 其中缺乏专家与政府等的第三方有效监管保障也饱受诟病。

3.与有关国际机构、经营者等的沟通与报告制度的缺失

基于 2002 年东京电力公司的不正当事件，根据山本尚利教授的观点，提出了"GE 公司可能就事发的 1 至 4 号机组的 mark1 型号存在的问题有所察觉，并由于东电可能拒绝了 GE 公司的要求，从而将东电的核电站不正问题向政府予以告发，从而导致 2002 年的原东电社长引咎辞职事件"[2]。从中可以看出，关于该观点的真实性暂且不论，但关于日本政府缺乏与该核电站工程的设计、建造、技术提供者的 GE 公司的长期化、机制性有效沟通以及有关报告义务的规制也明显是一个问题，为何包括 2002 年东电不正当事件乃至 2011 年福岛核事故在内，政府都只是消息的"被动接受者"而不是"主动发现者"这也是一个值得商榷的问题。

4.针对放射性污染的事后处置措施法之欠缺

在 2011 年福岛核事故以前，日本针对放射性污染的处理制度极度匮乏，以学者田中良弘所言为喻"《放射性物质污染处理特别措施法》……是为了处理在福岛核事故以前的我国法律体系中完全没有设想到的事态而被立法的"[3]。可见，在福岛核事故以前，针对专门的放射性物质污染的处理特别措施是在此之前所未被法律所调整的一类社会关系与事项。

四、福岛核事故后日本民用核能法律制度新发展

从某种意义上来说，作为以福岛核事故为契机带来的第三阶段，其在立法数量、立法技术乃至行政规制与司法控制等方面都获得了不同于前两大阶段的脱胎换骨式的革新与发展，造就了当前兼具时代性与民族性的日本民用核能法律制度。

---

① 山本尚利:《東京電力福島第一原子力発電所事故にみる技術経営(MOT)の課題》,载《早稲田国際経営研究》43 卷(2012 年),第 73 页。

② 山本尚利:《東京電力福島第一原子力発電所事故にみる技術経営(MOT)の課題》,载《早稲田国際経営研究》43 卷(2012 年),第 74～75 页。

③ 田中良弘:《放射性物質汚染対処特措法の立法経緯と環境法上の問題点》,载《一橋法学》13 卷第 1 号(2014 年),第 290 页。

(一)福岛核事故后日本民用核能法律制度发展的新路径

日本于2011年、2014年等分别出台了《原子能损害赔偿支援基金事务处理规则》《伴随原子能损害补充补偿条约执行的原子能损害赔偿资金补助法》及其执行条例等。另外,经修订后于2017年10月1日生效施行的《原子能损害赔偿·废弃炉等支援机构法》针对《原子能损害赔偿法》中出现原子能经营者应承担赔偿金额超过依该法第7条之第1项规定所确定的赔偿措施额的原子能损害事故的处理与《核原料物质、核燃料物质以及原子炉规制法》中原子能经营者设置的核电站(发电用原子炉设施)等法定原子能设施以废炉以及循环再处理为目的之必要技术研发、提存金管理指导等恰当与扎实地实施的确保等方面作出了较为详尽的具有可操作性的具体规定。由此,以2011年福岛核事故为新起点,日本通过《原子能损害赔偿支援基金事务处理规则》《伴随原子能损害补充补偿条约执行的原子能损害赔偿资金补助法》《原子能损害赔偿·废弃炉等支援机构法》等对民用核能法律制度进行了又更进一步的完善与构建,使得日本的民用核能法律制度以民用核事故损害赔偿法律制度为核心,以原子能经营者提存、基金制度与国家补偿、社会支援制度等为主要支点,在一定程度上改善了在福岛核事故前民用核能法律制度相对薄弱的方面,但由此而生的问题是正如京都大学过广典子博士在其博士学位论文(大纲)中所指出的,对于高达3兆～5兆日元的核事故损害赔偿,单单东京电力公司(以下简称"东电")是无法完全承担的,于是在这种情况下可以考虑到的可能的损害赔偿资金承担者有四者:(1)作为事故原因者的东电;(2)从东电获取电力供应的用电者(含企业与家庭);(3)东电之外的其他核能经营者;(4)将核能政策作为产业政策予以振兴的国家。但其中(2)的适用则基于"受益者付费"这一原则提高电费,(3)的适用则需要导入基于广义自己责任的相互扶助制度,(4)的适用则实际上演化为国民负担,并进一步触及"财政民主主义"下国民负担的公平、正义、合理性问题[①],由此,虽然进一步出台了《原子能损害赔偿·废弃炉等支援机构法》等支援法律制度,但仍然存在着一些亟待解决的法律理论与实务问题。

---

① 遠藤典子:《原子力損害賠償制度の研究:東京電力福島原発事故からの考察》,岩波書店(2013年),第1～26页。

(二)福岛核事故后日本民用核能规则制度发展的新内容

从时间上看,自平成二十三年(2011年)以来正式颁行的有关民用核能的法令总计达60部,约占到了日本现行有效民用核能法令总量的63.83%[①]。而内容则涵盖了如下方面:(1)事前核能设施所有权、业务运营、技术基准、保安制度;(2)事中核能灾害对策措施、信息报告传递、紧急措施、法律适用例外制度;(3)事后灾民安置,包含乏燃料在内的污染处理、民用核能民事赔偿制度(含有关诉讼制度);(4)核能有关机构的改革与建构:研发机构、支援机构、监管机构;(5)财政税收、财务会计制度;(6)其他有关民用核能制度。

除作为本体的具体民用核能法律制度之外,自2003年10月进一步形成了基于《能源政策基本法》下能源基本计划为核心的能源政策指导的民用核能法律制度体系。

1.在2003年第1版《能源基本计划》第37页的总篇幅中就核能一项能源便提及了58次之多,并将核能作为与新能源并立的内容进行了专项说明[②],其后的2007年、2010年也分别对《能源基本计划》进行过两次系统修订,调整、增补了一些内容,但在2003年第1版《能源基本计划》中存在着一个当时还尚未暴露的“隐患”——没有明确能源计划的施策对象以及一定程度上缺乏针对本国具体情况下微观问题导向的施策逻辑,如东京电力公司福岛第一核电站有关机组事实上的不当超期服役问题未被重视。

2.在2003年第1版《能源基本计划》“隐患”基础上加之2011年福岛核事故的发生,日本于2014年4月11日起通过内阁决议的方式通过颁布了新《能源基本计划》[③],从整体来看,新《能源基本计划》相比2003年第1版《能源基本计划》(以下简称“旧《能源基本计划》”)由第37页的篇幅扩容至约2.08倍,达77页,并附上了一页“对应电力需要的电源构成(参考)”附件图示。从内容上来看,新增了“日本能源供求结构现存问题”一章,并将其置于能源供求施策

---

① 電子政府の総合窓口 e-Gov イーガブ法令検索,http://elaws.e-gov.go.jp/search/elawsSearch/elaws_search/lsg0100/search? searchType=2&searchLawName=%E5%8E%9F%E5%AD%90%E5%8A%9B&abbreviationFlg=true,最后访问日期:2018年1月25日。

② 日本経済産業省資源エネルギー庁《エネルギー基本計画》,平成15年(2003年)10月。

③ 日本経済産業省資源エネルギー庁新しい《エネルギー基本計画》,平成26年(2014年)4月。

之前,明确了施策之前的对象与关键问题,并且专节表达了鉴于2011年福岛核事故对于核能发电安全性的忧虑与关切,同时强调在包括核能在内的能源情报、信息公开基础上的双向沟通互动,而非单方面地向国民公开、宣传有关内容,作为这一举措核心的"双向沟通互动"也在一定程度上比较好地对以吉冈齐为代表提出的作为日本原子能开发利用体制的第二性结构特征的"影子政府模式(subgovernment model)的支配"这一观点[①]从以往由上至下的单方"影子政府模式"支配向上下双向沟通乃至民意决策机制提供了解决的机制性基础。

(三)福岛核事故之后日本民用核能法律制度新发展的特色

1.原子能监管机构。日本民用核能法律制度在战后经过三个阶段的发展的同时,以2011年福岛核事故为契机,日本开始重新审视基于1997年12月中央政府的大规模机构改革在民用核能管理方面存在的机构冗杂,尤其是执行与监管混同等行政体制过简、效率低下、权责不明问题,并进一步踏上了去旧图新、大刀阔斧的民用核能行政机关改革之路。简并增效、设置核安全统一监督机关、设置原子能规制委员会。[②] 日本于2012年设立了全新的原子能规制委员会[③],构建起了不同于其他核利用大国的日本特色核能监管机构制度。

2.民用核能的司法控制改革。在2011年福岛核事故发生之后,日本一方面对民用核能法律制度体系作出了前所未有的改革,另一方面也对该体系下的民用核能机构进行了大刀阔斧的革新。与此同时,日本司法机关也针对上层建筑的变化作出了与时俱进的司法应对,进入了民用核能司法控制的新阶段。在2011年福岛核事故发生后,从有记录的公开裁判例来看[④],共有约78

---

① 吉岡斉:『原子力の社会史:その日本的展開』,朝日新聞社1999年版,第24页。

② 基于《中华人民共和国核安全法》第6条与《中华人民共和国放射性污染防治法》第8条,国家核安全局负责核安全、辐射安全、辐射环境管理的监管工作;国家原子能机构负责核安保与核材料管制、负责核进出口审查和管理,承担国家核事故应急管理办公室的日常工作、负责研究制定国家核事故应急预案并组织实施,负责核设施退役及放射性废物管理等职能。

③ 《原子力規制委員会設置法》(《原子能规制委员会设立法》)第一条,平成二十四年(2012年)法律第四十七号。

④ 不包括法定不公开以及时代原因等未被纳入日本法院网上判例系统的核能判例,本文中所统计数据可能与实际有所出入;另,日本公开案例是以裁判例为基本单位,而非案例,若一起案件下存在多次诉讼等情况并分别作出了不同的裁判文书,则分别计算。

件与核能直接有关的案件裁判例，虽然从总量上来说不及福岛核事故前的149件，但其中体现出了两项显著特征：一是与核能有关的民事案件占比较大；二是与核电站有关的行政案件稳中有升。

3.民用核能的财务会计制度创新。相比于福岛核事故发送前以及一些主要民用核能利用大国，比如我国[①]，当前的日本也注重对于过去传统的民用核能一元法律制度体系与财务会计制度的衔接与有机结合，即当前日本的(特别)能源会计制度。该制度主要由能源会计基本法、特别能源财务会计制度、特别税法制度三部分构成。

4.日本民用核能法律制度新发展其他特色理论分析。日本民用核能法律制度新发展不仅基于3Es理念与和平利用核能三原则两大理论基石发展而成，同时也基于环境法学、民法学、行政法学、诉讼法学、法经济学、法政策学等法理论的新运用与结合而最终成就了当前兼顾传统性与时代性的具有日本特色的民用核能法律制度[②]。其中包括，环境法下的水俣学理论、民法下的集中原则理论[③]、行政法下的多重防护理论

五、中国东盟民用核能法律制度完善的创新参考

当前的日本通过立法领域三位一体的民用核能法律制度体系、执法领域的以原子能规制机构为代表的民用核能政府机关、司法领域的民用核能司法控制与特别能源财务会计制度构成了一个严密而又完善且与时俱进的国内统一法律制度“系统”。中国东盟应该从日本的发展中加以思考和借鉴，为完善

① 例如，我国当前的企业会计准则体系1-42号，在这42部企业会计准则中，除《企业会计准则第4号——固定资产》第13条弃置费用规定外，几乎鲜有规定涉及核能或者核能企业的特别能源会计处理规定。

② 其实除了上述理论以外，日本民用核能法律制度新发展还借鉴了风险管理等学科领域的理论，但由于这些相关学科与法学联系不太直接与紧密，故不作赘述。如卯辰升博士著作《現代原子力法の展開と法理論》(《现代原子能法的展开与法理论》)便较为系统地论述了风险理论等有关民用核能法理论。

③ 需要指出的是，除集中原则理论外，日本学界还存在其他基于民法一般侵权理论发展而来的核事故损害赔偿理论，如学者小野寺伦子通过法国法研究，分三篇论文系统论述的“非属人利益侵害与民事责任”。参见小野寺倫子：《人に帰属しない利益の侵害と民事責任(2)：純粋環境損害と損害の属人的性格をめぐるフランス法の議論からの示唆》，载《北大法学論集》63卷第1号(2012年)，第190～250页。

中国东盟国内、国际民用核能法律制度提供参考。

(一)确立专门的民用核能会计制度

这是日本带给中国东盟民用核能法律制度的具体制度启示,主要解决的是从无到有的“器物阶段”问题[①]。以核电站之固定资产的弃置费用会计处理为例,针对弃置费用,我国当前主要规定的是将预计的未来弃置费用先进行折现[②],将其现值与该核电站(固定资产)购置费用一起计入该固定资产入账价值(原值),并贷计“预计负债”,后通过实际利率法进行后续会计处理,且并未就核电站等特殊不动产作出其他详细会计处理细化规定,而与我国相比,日本的会计处理不同之处,另当别论,其专门针对核电站这一情况制定了单独的《电气事业会计准则》[③]。具体来说,其中规定了基于定额法的核电站拆除提存金提存额计算方法与50年的一般提存年限以及相应会计处理规则,其中也包含了政府鉴于福岛核事故之后前所未有的设备利用率低迷从而导致提取拆除提存金无法足够提取的情况[④]。对我国与东盟而言,如若能够借鉴日本经验,确立民用核能的财务会计制度,具体问题具体分析,立足于本国国情制定颁布具有中国特色的民用核能特殊会计制度,则不仅将有助于我国与东盟核电站等核设施在未来拆除、解体时的环境整治费用的提前充分累积,而且还将有助于我国与东盟财务会计与民用核设施安全制度的长期有益发展,并与国际先进水平接轨。

---

① 立命館大学稲泽泉教授在论文《書評「金森絵里(著)『原子力発電と会計制度』》(《书评「金森绘里(著)『原子能发电与会计制度』》)较详尽与系统地从日本立场,论述了核电与会计制度的关系问题。以核能发电有关会计制度为对象,经济性分析了会计制度逐步演进发展的理由为何以及有关核电企业如何“利用”有关会计制度等论题,这里主要是笔者针对我国情况,提出的“从无到有”的建议。

② 对于特殊行业企业,还需遵循《企业会计准则第13号——或有事项》的规定进行考虑,然后再进行折现。

③ 日本经济产业省于2013年10月1日正式施行了该经过修订的《电气事业会计准则》,就文中示例而言,其中主要涉及了对核电站拆除提存金提存额计算方法的变更与提存年限的变更两大方面。

④ 不过根据广岛大学学者平野智久在其有关发表论文中针对该准则修订后相对于修订前基于受益者负担原则的生产额比例法等的不合理之处的学术探讨,现行准则的科学性有待会计实践检验。参见平野智久:「原子力発電施設の廃止措置に関する会計問題:経済産業省:《原子力発電所の廃炉に係る料金・会計制度の検証結果と対応策」に着目して》,载《商学論集》83卷第3号(2014年),第9~13页。

(二)建立公众参与的决策机制

这是日本带给中国东盟民用核能法律制度的机制启示，主要解决的是从有到“精”的“制度阶段”问题。政府民用核能决策需要以公众参与作为基础之一。日本在福岛核事故后，反思过去在信息公开与情报共享以及民意听取、反馈等方面的经验与教训，在于 2014 年 4 月 11 日通过的新《能源基本计划》中便已明文规定、强调了“双向沟通机制”的切实有效建立的必要性方针。具体来说，以日本资源能源厅公开的《关于针对新〈能源基本计划〉策划规定的公众评议结果》这一文件为例，在意见募集的一个月中，便有多达 18663 件实收意见，针对一共汇总抽选出有代表性的 128 件意见，资源能源厅还通过多达 95 页的附件分别对这 128 件意见逐一进行了具体回答与解释。[①] 可见在福岛核事故后，政府也倾向于具体行动以贯彻有效的双向沟通机制，并为关于核能等环境领域的民意决策提供实在性基础，同时也要注意避免像国内部分环境保护法领域措施的流于形式、执行不力等。明确公众参与决策，而不是大众决策。需要明确的是，核能领域方面的民意决策不等同于大众决策，鉴于核能所具有的专业性、复杂性、经济利益重大性，也决定了其民意决策需要专家、股东等的广泛、深层次参与。具体来说，不仅包括专家，还包括当地居民等利益关联方。但正如东京工业大学学者所指出的“在日本，与核设施的区域规划、建设关联的当地居民的合意形成之困难长年被作为行政及产业界直面的课题列举出来”。日本有关学者[②]通过将日法进行比较法分析，根据本国情况，提出了股东参与等一系列新举措建议，对我国尤其是东盟而言，参考他国，尤其是法国这样的民用核能先进国的实例，据此建立具有本国特色的公众参与的民用核能决策机制也是必不可少的。

(三)确立透明度与中立性理念

这是日本带给中国东盟民用核能法律制度的理念启示，主要解决的是社

---

① 日本経済産業省資源エネルギー庁:《新しい「エネルギー基本計画」策定に向けたパブリックコメントの結果について》,平成 26 年(2014 年)2 月 25 日。

② 例如，除东京工业大学上述研究外，东京大学木村谦仁的博士论文《社会状況変化に対応可能な原子力政策形成システム—フランスの事例を通して—》(《可应对社会状况变化的原子能政策形成体系——以法国为例》)也以法国为例，研究了可应对社会状况变化的核能政策形成机制。

会公众的"思想阶段"问题。就该项启示而言,与上文的民意主导型决策机制具有表里一体,不可偏废的密切关系。在重视宣传与教育,提高透明度与中立性的必要性这一点上来说,第一,从我国国内来看,国家对于贯彻核安全法的重视①,以及包括习近平主席在华盛顿核安全峰会上的讲话②,都表明了我国重视核安全与有关教育、宣传的立场。第二,从国际来看,《及早通报核事故公约》③等国际条约也要求各缔约国的"立即""迅速",从中也体现出了国际社会对于透明度的高要求。第三,从日本来看,比如原子能规制委员会的法律制度中专门针对透明度与中立性保障的法规也有相当多的一部分。正如同国内部分国际能源法学者提到的"对于民用核能,加强对社会公众的宣传教育,无论是对国家政府而言,还是说民用核能企业来说,都是不得不面对的一个现实问题"。社会公众对于核能的忧虑与关切,在一定程度上也源自对政府的不信任,认为政府存在凭借其权力"支配"新闻媒体的不当倾向。早稻田大学的山田耕副教授(任期付)还专门发表过题为"关于围绕福岛第一核电站事故的情报源与新闻媒体的联动性"一文,对社会公众在福岛核事故上对于政府的不信任也从情报源与新闻媒体的联动性上进行了实证研究分析,并推论提出了基于情报源的立场(如电视台、报社)不同也会导致相应核事故新闻报道发生内容、态度、情感基调等方面的差异化④。由此可见,对于我国尤其是越南、印度

---

① 沈跃跃:《贯彻实施好核安全法　依法保障核安全》,中国人大网,http://www.npc.gov.cn/npc/xinwen/syxw/2017-12/21/content_2034210.htm,最后访问日期:2018 年 1 月 26 日。

② 《习近平在华盛顿核安全峰会上的讲话(全文)》,新华网,http://www.xinhuanet.com/world/2016-04/02/c_1118517898.htm,最后访问日期:2018 年 1 月 26 日。

③ 例如,《及早通报核事故公约》第 2 条有关通报与情报规定的缔约国义务:(a)立即直接或通过国际原子能机构(以下简称为"机构"),将该核事故及其性质、发生时间和在适当情况下确切地点通知第一条所规定的那些实际受影响或可能会实际受影响的国家和机构;(b)迅速地直接或通过机构向第(a)项所述的国家和机构提供第五条所规定的有关尽量减少对那些国家的辐射后果的这类可获得的情报。

④ 山田耕:《福島第一原子力事故を巡る情報源と新聞メディアの連動性について》,载《教養諸學研究》141 卷(2016 年),第 111～139 页。

尼西亚、泰国、马来西亚、菲律宾[①]而言，不仅需要加强民用核能的宣传与教育，提高透明度与中立性，为此还需要分别提高社会公众对于政府与新闻媒体的权威与信赖感，消除社会民众疑虑。

IEA(国际能源机构)发布的2018版《世界能源展望报告》(World Energy Outlook)指出到2040年全球能源需求将比2017年上升30%，东南亚是其中的重要增长区，东盟作为东南亚"主角"在处理核电方面的立场与政策规则将对中长期核电产业发展前景带来不可小觑的深远影响。同时，通过福岛核事故与日本民用核能法律制度新发展也将进一步为基于"中国东盟能源命运共同体"的能源合作添砖加瓦。

① 该五国已分别通过长期发展规划、能源基本计划、电力开发计划等法律政策文件明确了各自相应的核电开发建设计划，但分别鉴于福岛核事故与各自国情等因素进行了不同程度的搁置或推迟。以印度尼西亚为例，虽印度尼西亚于2007年制定的《长期国家发展计划法(2005—2025)》明确2015—2019年第一座原子炉开始运行、直到2025年追加四座机组，但实际2009年宣布首座机组建设计划无限期延期、2010年宣布重新开始选址后核电站项目决定悬而未决，当前则在中国、俄罗斯的协作下推进着包括建设实验用原子炉等民用核电站基础设施整备活动。

专题三

东盟地区国别法制发展

菲律宾管辖海域划定相关法律体系考察

刘　畅*

摘　要:处于太平洋水域包围之中的菲律宾,其领土主张与海洋主张存在相当程度的重合,其与周边国家间的主权争议也往往纠缠于海洋边界及权利的争议之中。从其加入《联合国海洋法公约》的立场声明及国际回应,其1961年到2009年有关基线划定的立法演变,其基于群岛水域地位在后续立法中的相关延展等多个层面来看,菲律宾国内海洋立法及国际海洋条约实践,都成了其海洋管理机构体系排布、解决海洋争端、发展海洋合作之基础与依据,并反映且作用于其对中国海洋主张的官方立场及调整。在相对有利的政局情势之下,菲律宾可能成为中国南海战略推进的正向示范,但其有关海洋主权及其他海洋权益的立场将基本如一。

关键词:菲律宾;管辖海域划定相关立法;《联合国海洋法公约》;群岛基线;"菲律宾隆起"

定位为群岛国的菲律宾将相应海洋利益的获取视为确保其主权尊严、国家安全、人民生存的最核心要素之一。一方面,正如菲律宾相关法律及行政法令中多次所及,"有效地提升、推行及不断更新的菲律宾海洋政策对于一个群岛国及海洋民族极为重要,对其主权、国家安全、领土完整,对海洋矿产、石油、替代性的海洋能源及其他资源,都具有决定性意义";而"有关菲律宾这一群岛国家的各项海洋、海事政策问题,只有建立专门的、专注的、专业的、全职性的机构并配合充足资源,才能应对多方多层的海洋关注"①。另一方面,鉴于《联

---

* 刘畅,西南政法大学国际法学院,法学博士、副教授。

① Executive Order NO. 612:《Reorganizing The Department of Foreign Affairs-Maritime and Ocean Affairs Center into The Commission on Maritime and Ocean Affairs under The Office of The President》(2007).

合国海洋法公约》(United Nations Convention on the Law of the Sea,以下简称《公约》)对群岛国法律地位的确认支持与菲律宾国家实力的区域现状,菲律宾将以《公约》为代表的国际海洋法规则体系视为稳固其海洋利益范围、对抗他国海洋主张的首要根基和最有力倚仗。

由此,考察菲律宾加入《公约》前后之官方姿态,基于主权宣示的海洋管辖水域相关立法以及《公约》于其立法脉络之影响,对于认知菲律宾海洋主张之由来与根基,判断菲律宾海洋立法及管理的可能趋向都将有所助益,并应在一定程度上服务于后续中菲海洋争端解决的立场澄明与焦点定位。

一、《公约》的加入与立场表达

菲律宾没有加入联合国第一次海洋会议下的1958年"日内瓦海洋法公约"系列,但对第三次海洋法会议的成果表现出十分积极的姿态。

(一)1982年《公约》(United Nations Convention on the Law of the Sea)及立场声明

菲律宾于1982年12月第三次联合国海洋法会议第11次会议上签署了《公约》,并随后于1984年5月批准《公约》,是最早明确表示接受《公约》拘束力的数个国家之一。

但在其签署及批准时,菲律宾相继作出并确认了以下谅解声明:

第一,菲律宾政府对公约的签署,不得以任何方式损害或减损菲律宾共和国基于或源于《菲律宾宪法》的主权权利;

第二,本公约的签署不得以任何方式影响菲律宾共和国,基于或源于1898年美西《巴黎条约》和1930年美英《华盛顿条约》,作为美利坚合众国继承者的主权权利;

第三,本公约的签署不得减损或以任何方式影响1951年《美菲共同防御条约》及其相关解释性文件下各缔约方的权利与义务,也不得减损或影响菲律宾为缔约方的任何其他相关双边及多边条约或协定;

第四,本公约的签署不得以任何方式损害或减损菲律宾共和国对其领土行使的主权,如卡拉延群岛及其附属水域;

第五,该公约不得被解释为以任何方式修改菲律宾共和国相关法律、总统敕令或声明,菲律宾政府维持并保留依据《菲律宾宪法》条款修订此类法律、敕令或声明的权利及权力;

第六，本公约有关群岛通行的海道通行条款不得取消或损害菲律宾作为群岛国对于海洋通道的主权，并不能剥夺其制定立法保护其主权、独立及安全的权力；

第七，群岛水域的概念与《菲律宾宪法》下的内水概念相近，将连接这些水域与经济区或公海的海峡从外国船舶国际航行的过境通行权中取消；

第八，菲律宾共和国基于本公约任何程序提交的、有关第298条下争端的和平解决的协议，不得被视为是对菲律宾主权的减损。

菲律宾有关《公约》的上述声明遭到了中国、越南及澳大利亚的质疑或反对。

1985年6月，中国向联合国秘书长提交通信，说明："南沙群岛历来是中国领土，所谓的卡拉延群岛是南沙群岛的一部分。中国政府已经在很多场合阐明，中国对南沙群岛及其邻近水域和资源享有无可争辩的主权。"

1987年2月，越南同样就"卡拉延群岛"问题向联合国秘书长提交通信，重申其对"长沙群岛"的主权。①

1988年10月，联合国秘书长收到了澳大利亚的反对意见，称：

"澳大利亚认为菲律宾共和国所做声明与《海洋法公约》第309条不符，该条禁止做出保留；同时[菲律宾声明]也与第310条不符，该条允许在'这种声明或说明无意排除或修改本公约规定适用于该缔约国的法律效力'时做出声明。

菲律宾共和国的声明称，《公约》不能影响其源于宪法的主权权利、其国内立法以及菲律宾为缔约方的任何条约。这意味着，事实上，菲律宾并不认为其有义务使其法律与《公约》条款相协调。通过做出这一声明，菲律宾意在寻求修改《公约》条款的法律效力。

这一观点也在该声明有关群岛水域地位的内容中得到印证。声明称，《公约》中有关群岛水域的概念与菲律宾前宪法中及近期为1987年菲律宾新宪法第1条所重申的内水概念相近。但是，很明显，《公约》对这两个概念进行了区分，适用于群岛水域的权利与义务与适用于内水的不同。尤其是，《公约》为外国船舶规定了在群岛水域的无害通过权和群岛海道通过权。

因此，澳大利亚不能接受菲律宾的声明在《公约》生效后享有法律效力或

① End Note 15，https://treaties.un.org/Pages/ViewDetailsIII.aspx?src=TREATY&mtdsg_no=XXI-6&chapter=21&Temp=mtdsg3&clang=_en#15，最后访问日期：2019年7月22日。

其他任何效力,并认为不能在菲律宾共和国声明所称的限制之下来履行《公约》条款。"[①]

对澳大利亚这一反对意见,菲律宾回应称:"菲律宾的声明符合《联合国海洋法公约》第310条。声明中包含有关于公约相应条款的解释说明。菲律宾政府有意使其国内立法与《公约》条款相协调,正在依据颁布有关群岛海道通过、行使菲律宾对群岛水域的主权的立法履行必要步骤。因此,菲律宾政府希望向澳大利亚政府及其他《公约》缔约国保证,菲律宾将遵守所提及之《公约》条款。"[②]

(二)《关于执行1982年12月10日〈联合国海洋法公约〉第十一部分的协定》(Agreement relating to the implementation of Part XI of the United Nations Convention on the Law of the Sea of 10 December 1982)

《关于执行1982年12月10日〈联合国海洋法公约〉第十一部分的协定》(以下简称《协定》)于1996年6月28日满足生效要件,并于一个月后正式生效。不过,根据《协定》第7条第1款,协定如到1994年11月16日尚未生效,在其生效之前,有四类国家和实体在一定条件下可予以临时适用,分别是:在联合国大会中同意通过《协定》的国家、签署《协定》的国家和实体、书面通知保管者表示同意临时适用《协定》的国家和实体、加入《协定》的国家。

菲律宾即为《协定》正式生效前临时适用该《协定》的国家之一,其于1994年11月15日签署《协定》,并依据《协定》第7条第2款于签署后第二日开始临时适用期。根据《协定》第7条第3款,这一临时适用至1996年6月28日终止。由于菲律宾通知不接受《协定》第5条所设定的简易程序来使条约生效,菲律宾于1997年7月依据《协定》第4条第3款第(b)项对该条约作出正式批准。

为明确"国家管辖范围外的海床和底土"的范围,国际海底管理局要求各沿岸国履行"妥为公布"(Due Publicity)义务,向其秘书处提交国家外部大陆

---

① 联合国条约集,https://treaties.un.org/Pages/ViewDetailsIII.aspx?src=TREATY&mtdsg_no=XXI-6&chapter=21&Temp=mtdsg3&clang=_en#1,最后访问日期:2019年6月22日。

② End Note 23, https://treaties.un.org/Pages/ViewDetailsIII.aspx?src=TREATY&mtdsg_no=XXI-6&chapter=21&Temp=mtdsg3&clang=_en#15,最后访问日期:2019年6月22日。

架界限的地理坐标图。根据《公约》第84条第2款，菲律宾于2012年向UNCLCS提交有关"宾汉隆起地区外部大陆架界限"的第4726A号图表的同时，也向国际海底管理局提交了这一图表的副本。根据国际海底管理局官网数据，截至2016年10月，菲律宾是仅有的提交了相关图表的七个国家之一。[①]

（三）《执行1982年12月10日〈联合国海洋法公约〉有关养护和管理跨界鱼类种群和高度洄游鱼类种群的规定的协定》(Agreement for the Implementation of the Provisions of the United Nations Convention on the Law of the Sea of 10 December 1982 relating to the Conservation and Management of Straddling Fish Stocks and Highly Migratory Fish Stocks)

《执行1982年12月10日〈联合国海洋法公约〉有关养护和管理跨界鱼类种群和高度洄游鱼类种群的规定的协定》于1995年8月在联合国跨界鱼类种群和高度洄游鱼类种群会议上通过，于同年12月开放签署，于2001年12月正式生效。菲律宾1996年8月即签署这一条约，但直至2014年9月才作出正式批准，同时未对该条约作出保留，显示出对渔业资源开发养护管理的这一国际立法既配合又慎重的姿态。

二、关于国家领土及群岛水域认定的相关立法

（一）菲律宾法律体系概况

自16世纪菲律宾群岛为西班牙占领时起，原有土著的习惯规则，与不同殖民者外来法律的辗转侵袭，再混同群岛不同区域民族宗教文化所附的法律传统，使得菲律宾法律体系随国家发展历史愈显复杂。时至今日，菲律宾法被认为是罗马法系与英美法系的混合体，而由于14世纪起马来西亚伊斯兰教徒的大量移民，菲律宾尤其是其第二大岛的棉兰老岛也适用伊斯兰法。[②]

当前菲律宾法的主要渊源包括宪法、制定法、条约、司法判例。习惯法规

---

① Philippines (No. 001357), https://www.isa.org.jm/files/documents/EN/Art84/PH/Ph.pdf，最后访问日期：2019年6月23日。

② 张卫平：《菲律宾的法律制度》，载《东南亚研究资料》1985年第8期；果海英：《西班牙的殖民征服与菲律宾本土的法律与习惯》，载《2011年全国外国法制史研究会"公法与私法的互动"会议论文集》。

则尽管并未得到1950年菲律宾《民法典》的确认,但基于其1987年宪法第14条有关"国家承认、尊重、保护土著文化群体的权利,以保存和发展其文化、传统及制度"的规定,法官仍被允许在缺少成文法时适用地方习惯判案,从而将习惯作为菲律宾法的补充渊源。

在上述各类法律渊源中,菲律宾的制定法最为繁杂。自1900年以来,在菲律宾的不同统治时期,其法律名称、立法权源、生效程序都略有差别。据相关统计,在美国公民政府统治的1900—1935年间,由菲律宾委员会(Philippine Commission)及其两院继任者通过了4275件立法,时称"法案"(Acts);1935—1946年的菲律宾自治政府(Philippine Commonwealth)时期,通过立法733件,时称"联邦法案"(Commonwealth Acts);1946—1972年的菲律宾共和国(Philippine Republic)时期,共通过立法6635件,时称"共和国法案"(Republic Acts);1973—1986年7月的马科斯戒严时期(Martial Law Period),共颁布"总统敕令"(Presidential Decrees)2035件;1987年结束马科斯统治、重回共和国后,阿基诺夫人颁布了302件"行政命令"(Executive Orders),国会则于重掌权柄后颁布了"共和国法案"9338件。至此,自1900年至今颁布的制定法文件已有17574件。[①]

有鉴于这一历史状态,下述菲律宾有关海洋立法的文件可能因立法时期不同而名目各异,但在法律层级上都属在菲律宾具有法律拘束力的成文法渊源。

(二)宪法体系中的主权海域认定与演化

菲律宾至今共有生效宪法7部,分别为《菲律宾1899年宪法》《菲律宾1935年宪法》《菲律宾1943年宪法》《菲律宾1973年宪法》《菲律宾1973年宪法的1976年修订案》《菲律宾1986年临时宪法》《菲律宾1987年宪法》;具有突破意义的宪法修正草案1部,即2018年"联邦宪法草案"。

从各部宪法有关国家领土的规定来看,《菲律宾1899年宪法》《菲律宾1943年宪法》均未规定国家领土范围;《菲律宾1935年宪法》虽有"国家领土"一条,但将菲律宾领土描述为1898年美西《巴黎条约》第3条、1900年美西条约、1903年美英条约中划定界线内的所有岛屿,其意在强调独立后的菲律宾

---

① 东盟法律协会官网,http://aseanlawassociation.org/papers/phil_chp1.pdf;Sources of Law,http://aseanlawassociation.org/papers/phil_chp2.pdf,最后访问日期:2019年7月20日。

应继承美国原统治下的全部菲律宾领土范围，国家的地形与资源尚在其次；直至1973年宪法起，宪法才开始在其第1条“国家领土”中将陆地(islands)和水域(waters)结合描述，并明确使用“菲律宾群岛”一语，并在后续各宪法中得以体例沿袭。

2018年7月，为配合总统杜特尔特改单一总统制为联邦制的改革方案，菲律宾修宪咨询委员会(Consultative Committee)通过并提交了《联邦宪法草案》。与施行已经超过30年的菲律宾1987年宪法相比，宪法草案最终版本仍在第1条对“国家领土”开宗明义，但其中划定依据、措辞表述及体现的立法意图都出现明显调整。

现将联合国“海洋空间：海洋区域与海洋划界”项目[①]所收录的菲律宾1973年宪法与菲律宾现行有效的1987年宪法中的“国家领土”条款，以及最新通过的2018年“联邦宪法草案”相关条款比较如下：

《菲律宾1973年宪法》第1条规定：“国家领土由菲律宾群岛组成，包括其所包含的全部岛屿和水域，以及其他基于历史性权利和法定权利归属于菲律宾的所有领土，包括领海、领空、底土、海床、岛架及其他海底区域。菲律宾对上述区域享有主权和管辖权。群岛周围、群岛之间及连接群岛的水域，无论其宽度与广度，都构成菲律宾内水的一部分。”

《菲律宾1987年宪法》第1条规定：“国家领土由菲律宾群岛组成，包括其所包含的全部岛屿和水域，以及其他由菲律宾行使主权与管辖权的所有领土，构成陆地的、河流的及空中的领域，包括其领海、海床、底土、岛架以及其他海底区域。群岛周围、群岛之间及连接群岛的水域，无论其宽度与广度，都构成菲律宾内水的一部分。”

“菲律宾2018年‘联邦宪法草案’”第1条第1款规定：“菲律宾对其领土拥有主权。其领土包括群岛基线内的岛屿和水域、领海、底土、大陆架和其上空。菲律宾基于国内法、国际法以及国际性的法庭或仲裁庭所作的判决而对其群岛基线以外岛屿和地物拥有主权。其同时根据历史性权利(historic right)或所有权(legal title)还对属于菲律宾的所有其他领土享有主权。”其第1条第2款规定：“菲律宾在国际法所容许的限度内对领海以外的延伸海域拥有主权权利，对于包括菲律宾隆起(Philippine Rise)在内的200海里以外大陆

① 该项目由联合国秘书处海洋事务与海洋法分部建立。联合国官网，http://www.un.org/depts/los/LEGISLATIONANDTREATIES/STATEFILES/PHL.htm，最后访问日期：2017年7月20日。

架拥有主权权利。菲律宾公民对上述区域中的所有资源享有权利。”

由上可知:

第一,菲律宾通过各部宪法不断突破其领土构成的传统条约界限、扩展其领土范围。自《菲律宾1973年宪法》始,其国家领土条款中已不再援引1898年《美西巴黎条约》、1900年《美西华盛顿条约》和1930年《英美条约》等三个国际法律文件中的条约界限。随后的1987年宪法在相关条款上基本搬用了1973年宪法的行文表达。而2018年的“联邦宪法草案”则不但明确提出群岛基线内的领土主权,更第一次在宪法中明确了对非群岛组成部分的其他地物的主权主张,在菲律宾突破其传统条约界限的过程中迈得更远。

第二,自1973年宪法起菲律宾对领土的基本规定就开始使用贴近国际海洋法发展成果中“群岛国”概念的类似表述,由此得窥《公约》中的群岛国制度确立对菲律宾的非凡意义。因而,在菲律宾后续的海洋管理政策中,在民众中宣传树立“群岛意识”,强调群岛国对其管辖海域法律权利关系民族生存,即成题中应有之义。

第三,“历史性权利”(historic right)用语的使用在近三部宪法中有所反复。1987年宪法去除了1973年宪法中“历史性权利”的表述,却在2018年的“联邦宪法草案”中得以恢复。对于该用语在1987年宪法中的抹除,一方面应基于《公约》并无对“历史性权利”的直接适用与明确界定;另一方面则更多在于,公约中对“群岛国”章节作为群岛国家参与国际海洋立法谈判的重要成果,其相关制度设计已在一定程度上考虑并体现了群岛国的相关权利需求。而2018年“联邦宪法草案”对这一表述的重拾,一方面应意在利用历史性权利在国际法上的范围、内涵、性质的模糊,通过历史性权利为其某些主权主张(如针对沙巴地区的主权声索)和非主权性的权利主张“兜底”;另一方面,同时添加含义范围相当广泛的所有权(legal tittle)一词,可最大限度地将依据条约享有的权利、依据习惯国际法享有的权利、经过国际司法与仲裁机构的判决或裁决承认的权利主张都涵盖其中。[①]

第四,领土条款相关表述似与国际海洋法一般认知存在冲突。比如,1973年及1987年两部宪法均将群岛岛屿周围、之间及相连接的水域规定为国家内水。法条中并未直接使用“群岛水域”一词,上述水域是否属于《公约》所指“群岛水域”存在模糊。且即使法条中所指水域确为“群岛水域”,将“群岛水域”直

---

① 丁铎:《菲宪法草案“国家领土”条款之解析》,http://www.nanhai.org.cn/review_c/290.html,最后访问日期:2019年1月3日。

接等同于一国“内水”似与《公约》相关规定并不相符。而2018年的“联邦宪法草案”则将“大陆架”明确表述为国家领土的组成部分之一。大陆架是否属于国家领土？即使《公约》确认沿岸国对其大陆架拥有主权权利，但存在主权权利的地域应并不直接等同于国家领土。

第五，中菲南海仲裁案的裁决结果可能在菲律宾领土划定的法律文件中持续发酵。2018年的“联邦宪法草案”体现出菲律宾对海洋国土的勃勃野心。除了前述“历史性权利”的回归、将“宾汉隆起”明确写入宪法等变化外，菲律宾也可以对其群岛基线以外岛屿和地物拥有主权，依据便在于“国内法、国际法以及国际性的法庭或仲裁庭所作的判决”。南海仲裁案虽不太可能在宪法中被直接提及，但“国际性的法庭或仲裁庭所作判决”这一措辞的指向性已经非常明显。尽管中菲关系较前平稳，菲现任总统也在多个场合有意回避或淡化这一仲裁结果，但该宪法草案却明确体现出最高立法层面对仲裁裁决的承认、接纳以及将其融入国内法律体系之中的推动意图。该草案一旦生效，菲律宾领导人对仲裁裁决的搁置将面临“违宪”风险。

三、关于领海基线及群岛基线认定的相关立法

菲律宾自1961年颁布第一部《领海基线法案》后，分别于1968年及2009年进行了修订，并至2009年法案将“领海基线法”修正为“群岛基线法”。

（一）1961年《菲律宾领海基线划定法案》(An Act to Define the Baselines of the Territorial Sea of the Philippines)（第3046号共和国法案）

1961年《菲律宾领海基线划定法案》(以下简称1961年《领海基线法》)在1958年第一次联合国海洋法会议后颁布。领海基线立法的诞生应与1958年《领海及毗连区公约》的促动有关，但并未在行文中反映出对当时国际海洋法发展的明显体现。从其法条来看，1961年《领海基线法》总共仅有三大法条，意在：第一，遵照1943年宪法明确国家领海范围，其基点设定仍主要以有关菲律宾领土划分的三大条约(1898年《美西巴黎条约》、1900年《美西华盛顿条约》、1930年《英美条约》)为参照，菲律宾海洋领土的扩展尚不明显；第二，明确领海基线的法律效果，即所有被前述领海基线所包围的水均为菲律宾内水

或内陆水。[①]

(二)1968 年《对第 3046 号共和国法案第一条的修订案》(An Act to Amend Section One of the Republic Act Numbered Thirty Hundred and Forty-Six)(第 5446 号共和国法案)

从法案标题来看,1968 年《对第 3046 号共和国法案第一条的修订案》(以下简称 1968 年《领海基线法》)的立法主旨在于对 1961 年《领海基线法》第 1 条的修订;但从法条内容来看,1968 年立法第 1 条仅对原 1961 年《领海基线法》原领海基线表作出了唯一一处勘误,即将第 49 行基点(Line 49)的名称拼写从“Pincle Rk.”订正为“Pinnacle Rk.”,法条称之为“打印错误”。勘误并不是 1968 年立法的重心,其核心立法体现在第 2 条:“本法所规定的菲律宾群岛领海基线的划定,不损害对北婆罗洲沙巴地区领土周围的领海基线划定,菲律宾在该地区享有领土主权。”该条不但使用了“菲律宾群岛”这一更具地形意义的用语替代了“菲律宾”的一般政治称谓,更明确将“沙巴地区”纳入其领海管辖范围,成为菲律宾与马来西亚绵延至今的沙巴领土争端的国内立法维权举措的早期体现。

(三)2009 年《菲律宾群岛基线划定法案(对第 3046 号及 5446 号法案的修订案)》(An Act to Amend Certain Provisions of Republic Act No. 3046, as Amended by Republic Act No. 5446, to Define The Archipelagic Baseline of The Philippines and for Other Purposes)(第 9522 号法案)

2009 年《菲律宾群岛基线划定法案(对第 3046 号及 5446 号法案的修订案)》(以下简称 2009 年《群岛基线法》)是菲律宾向联合国交存的最为晚近的基线划定方案。一方面,该法案将摒弃“领海基线”概念,重新划定群岛基线以鲜明体现《公约》群岛制度下国家地位;另一方面,《公约》群岛制度成为国家定位海洋前景与开发海洋权利的依仗与旗帜,菲律宾领土据此不再掩饰其海洋领土的扩展野心:基线基点从前两部法案的 65 个扩展至 101 个(第 1 条);明

① 1961 年《领海基线法》的基点及坐标规定于该法第 1 条(section 1),Republic Act No. 3046 (as Amended by RA 5446 & RA 9522),http://www.chanrobles.com/republicactno3046.html#.XVN19vknZ48,最后访问日期:2019 年 7 月 30 日。

确规定根据《公约》第 121 条对卡拉延群岛、黄岩岛行使主权和管辖权(第 2 条)。[①]

(四)菲律宾最高法院关于 2009 年《菲律宾群岛基线划定法案》(第 9522 号法案)的违宪审查

2009 年《群岛基线法》(第 9522 号共和国法案)公布后,菲律宾大学数名法学教授及学生、前国会议员等向菲律宾最高法院提起诉讼,质疑该法案的合宪性。其指控的违宪之处主要包括:第一,该法案使菲律宾减少了 15000 平方海里的海洋领土,即减少了菲律宾国家主权覆盖的范围,违反了体现《巴黎条约》和相关条约条款的《菲律宾 1987 年宪法》第 1 条;第二,该法案将基线向陆地方向的国家水域向外国船舶和飞行器开放,损害菲律宾主权和国家安全,违反国家的无核政策,损害海洋资源,同样违反相关宪法规定;第三,该法案将卡拉延群岛作为岛屿处理,在导致大量海洋区域丧失的同时,还危害到渔民生计。

作为应诉方的菲律宾文官长、外交部长、预算和管理部长、国家地图与资源信息局局长、菲律宾驻联合国代表团团长等的诉讼代表回应称,2009 年《群岛基线法》的目的是让菲律宾遵守《公约》的条款,保护菲律宾对卡拉延和黄岩岛的领土主权,不损害国家的安全、环境和经济利益,未放弃菲律宾对沙巴的主张。

对于上述合宪性质疑,最高法院最终并未给予支持。法院认为:

第一,2009 年《群岛基线法》是《公约》下划分国家海洋区域和大陆架的工具,并非对菲律宾领土的划分。《公约》与领土的取得和丧失毫无关联,它是一项规范在海洋区域的海洋使用权利的多边条约。2009 年《群岛基线法》的基线法只是《公约》缔约方精确地划分其海洋区域和大陆架的成文法工具,由此告知国际社会其他当事方其可行使主权及管辖权的海洋及海底区域的范围。对陆地地形的领土主张在《公约》范围之外,是由国际法的一般规则拘束的。

第二,2009 年《群岛基线法》运用岛屿制度的框架适用于卡拉延群岛和黄岩岛,并不违背菲律宾在这些区域的主权主张。菲律宾最高法院认为,根

---

① 2009 年《群岛基线法》中基点及坐标规定地该法第 1 条(section 1),Republic Act No. 9522, http://www. chanrobles. com/republicacts/republicactno9522. php #. XVN6SfknZ48,最后访问日期:2019 年 7 月 30 日。

据1961年《领海基线法》，菲律宾的“内水或群岛水域”面积为166858平方海里，领海面积为274136平方海里，专属经济区面积未划分，各类水域总面积为440994平方英里；而根据2009年《群岛基线法》，“内水或群岛水域”面积为171435平方英里，领海面积为32106平方英里，专属经济区面积为382669平方英里，各类水域总面积为586210平方英里。两相比较，2009年《群岛基线法》使得菲律宾拥有的各类水域的总面积增加了145216平方英里。

第三，有关沙巴的领土主张得到了保留。所谓2009年《群岛基线法》未能体现菲律宾对在北婆罗州的沙巴的领土主张，是无根据的。因为1968年《领海基线法》第2条已经为沙巴划定基线留下空间，而这一条并未在2009年《群岛基线法》中被废除。

第四，《公约》与2009年《群岛基线法》并未违背宪法对内水的划定。针对诉方所称2009年《群岛基线法》违宪地将内水“转化”为群岛水域一项，法院认为，无论是现行宪法第1条中所规定的“内水”还是《公约》第49条中所规定的“群岛水域”，菲律宾行使主权的水域都为其基线向陆地一侧的水域，包括其上空和海底。主权作为事实并不妨碍有关于领海的国内法或有关于群岛水域的国际法规则在适用中承担维护航行自由的责任。

法院最终结论：颁布符合《公约》的2009年《群岛基线法》，使菲律宾海洋区域和大陆架的宽度划定能得到国际承认。因此，2009年《群岛基线法》是菲律宾捍卫其海洋区域的最为重要的一步。[①]

可以看到，最高法院有意将内水和群岛水域混同在一起，使得菲律宾主张的整体水域的总面积看起来有所增加。但这一解释并不能回避据其之前立法所划定内水和领海面积大大减少的事实。应该说，2009年《群岛基线法》减少菲律宾一贯主张的包括领海和内水在内的领土的面积，其实质是通过放弃部分领土主权的主张而换取非主权性的海洋区域面积的扩大。

---

① G.R No. 187167, Supreme Court, EN BANC, Republic of the Philippines, August 16, 2011, https://lawphil.net/judjuris/juri2011/aug2011/gr_187167_2011.html#rnt22, 最后访问日期:2019年7月4日。

四、关于专属经济区、大陆架及其他特定海域认定的相关立法

(一)关于专属经济区的认定

1978 年“建立专属经济区及其他目的”的第 1599 号总统令确立了菲律宾专属经济区界线及其法律地位。可以看到,菲律宾在有关专属经济区的立法上与《公约》条款表述基本一致,如规定其专属经济区宽度延伸至距领海基线 200 海里;若专属经济区与邻国相关区域发生重叠,应依据国际法通过协议划定界线;沿岸国享有在专属经济区内自然资源勘探、开发、养护的主权权利,享有在区内建设人工岛屿及设施的专属性权利;非沿岸国在其专属经济区内享有航行飞越自由、架设海底电缆和管道的自由等。该法令有所细化的内容主要在于对菲律宾享有区域内专属性权利的保护,在第 3 条列举了数项非经事先协议、许可、授权不得在专属经济区从事的行为,并在第 5 条对违法者明确规定了 2000～100000 比索的罚金及(或)6 个月至 10 年的监禁。

(二)关于大陆架的认定

1.《关于大陆架上的所有矿产及其他自然资源归属菲律宾共和国管辖与管制的宣告》(Declaring as Subject to the Jurisdiction and Control of the Republic of the Philippines all Mineral and other Natural Resources in the Continental Shelf)(第 370 号总统公告)

菲律宾并未对大陆架进行正式立法,而是在 1968 年由当时的总统马科斯发布的总统公告予以简要说明。在大陆架制度已经得到第一次联合国海洋法会议的确认,却尚无《公约》的后续成果的情形下,第 370 号总统公告中仅简单表明了菲律宾对邻接其领海的海床及底土上资源的排他性权利,说明将依据法律和公平(legal and equitable)原则处理与他国的大陆架划界,并表明不影响上覆公海及天空。公告既未明确大陆架的宽度,也未具体列举大陆架上沿岸国及非沿岸国的相关法律权利,使得这一早期大陆架基本立法较为粗糙。

2.有关“宾汉隆起”的法律文件

《公约》签署及生效后,菲律宾并未全面重订其大陆架立法,却在近十年内通过不断宣示“宾汉隆起”(Benham Rise)的法律地位来试探和确认其 200 海里外的大陆架界限。

2012 年,菲律宾向联合国秘书长提交了在其领海基线 200 海里外的“宾汉隆起”相关外部大陆架界限。菲律宾在所提交文件中称:“这一外部界限是基于大陆架界限委员会对于菲律宾所提交宾汉隆起地区相关文件的建议意见所确立的。”①

2017 年 5 月,菲律宾总统杜特尔特发布第 25 号行政命令,称鉴于宾汉隆起地区有 240 万公顷属于菲律宾的专属经济区及大陆架;鉴于根据菲律宾 1987 年宪法、其他国际立法及《公约》,宾汉隆起地区都为菲律宾的主权管辖范围,菲律宾有权对其海底区域合理命名以符合国家地图系统的需要,现将原“宾汉隆起”更名为“菲律宾隆起”(Philippine Rise)。命令规定,所有官方地图中的“宾汉隆起”通过国家地图与资源信息局更名为“菲律宾隆起”,并由菲律宾外交部会同地图与资源信息局配合各行政部门,向各国际组织发表更名通知。菲律宾已经于 2018 年 3 月向联合国秘书长提交了这一更名文件,并声明其外部大陆架界限与 2012 年提交文件一致,仅名称更改为“菲律宾隆起”。

(三)对部分海域的专门宣示

菲律宾曾于马科斯执政期间专门对卡拉延群岛发布总统令,确认其位置范围与法律地位。1978 年,马科斯总统发布“宣布某些区域为菲律宾领土的一部分并规定其政府及行政机构”的第 1596 号总统令。法令以 7 个地理坐标明确了卡拉延群岛的位置范围,并明确该群岛的海床、底土、大陆边及上空都属菲律宾主权之下。卡拉延由此成为菲律宾巴拉望省下的一个独立自治单位,由总统指定国防部长或相当的行政官员及军队官员代为管理。

另外值得注意的是,法令在解释菲律宾为何能对卡拉延群岛确立主权一事时称:卡拉延群岛是菲律宾群岛大陆边的组成部分,对菲律宾的安全与经济生存至关重要,尽管这些区域在法律上不属于任何国家或民族,但由于历史的原因、不可或缺的需要以及基于国际法的有效占领和控制,卡拉延群岛目前注定归属于菲律宾主权之下。而法律的、历史的及公平的背景下,其他任何国家

---

① Deposit of Philippine Chart No. 4726A., http://www.un.org/depts/los/LEGISLATIONANDTREATIES/PDFFILES/mzn_s/mzn88ef.pdf,最后访问日期:2019 年 7 月 10 日。

对卡拉延地区的主张都不能凌驾于菲律宾之上。①

五、基于菲律宾管辖海域划定法律体系的观察结论

应该认为,在菲律宾海洋地理格局之下,其国内海洋立法及国际海洋条约实践,是其海洋管理机构体系排布之根据,也是其解决海洋争端、发展海洋合作之经纬,直接反映并作用于其对中国海洋主张的官方立场及调整。

由上着眼于其国际国内海洋法体系的观察,可以看到:

第一,菲律宾极为重视海洋法律体系的构建和完善。受国家地理特征与国内生存依赖所限,菲律宾的国内海洋立法起步较早且在修订完善进程中受到较多的关注。首先,从"二战"后菲律宾的各阶段宪法来看,其每一部宪法均在开篇第一条明确规定菲律宾的领土范围,在这一范围中明确将"领海""底土""海床、岛架及其他海底区域"等囊括其中,并从 1973 年宪法起即积极明示其"菲律宾群岛"或"群岛国"的地位。其次,从第一次联合国海洋法会议体现国际法编纂动向后,专门性海洋立法就从未离开过菲律宾领导人的视线。1961 年即颁布第一部《菲律宾领海基线划定法案》,并分别于 1968 年、2009 年两次对该法案作出修订,最后明确将"领海基线"规定调整为"群岛基线"立法。其 1978 年的专属经济区立法也早于 1982 年《公约》的出台,而其大陆架立法更是在 1968 年即以总统公告的形式有所表达,更在后续成为《公约》框架下探索和提交大陆架界限及外大陆架界限最为积极的国家之一。② 最后,除立足

---

① 其法条原文如下:"WHEREAS, these areas do not legally belong to any state or nation but, by reason of history, indispensable need, and effective occupation and control established in accordance with the international law, such areas must now deemed to belong and subject to the sovereignty of the Philippines; WHEREAS, while other states have laid claims to some of these areas, their claims have lapsed by abandonment and can not prevail over that of the Philippines on legal, historical, and equitable grounds." See Presidential Decree No. 1596: Declaring Certain Area Part of The Philippine Territory and Providing for Their Government and Administration (1978).

② 据国际海底管理局公布相关资料,截至 2016 年 10 月 15 日,菲律宾是履行了《公约》第 84 条第 2 款"妥:公布"义务,向联合国秘书长交存了大陆架外部界限海图或地理坐标表的 7 个成员国之一。参见 Article 84(2)—Charts and Lists of Geographical Coordinates, https://www.isa.org.jm/article-842-charts-and-lists-geographical-coordinates,最后访问日期:2019 年 3 月 15 日。

《公约》的专门性海洋立法外，菲律宾将海上运输、渔业捕捞、海事安全、海洋环境保护等相关领域也都纳入立法，并形成了较为完备的分支体系。

第二，菲律宾极为倚重国际海洋立法成果及实践运用。从菲律宾的国内海洋立法状况可知，尽管菲律宾没有加入1958年“日内瓦海洋法公约”的中任意一项，却在其国内立法中迅速吸纳了第一次联合国海洋法会议的成果中对其有利的相关表述及制度。第三次联合国海洋法会议中，群岛国家成功推动1982年《公约》中群岛国制度的确立，更成为菲律宾以特殊海洋国家地位争取海洋权益最大化的最重要依凭。这使得《公约》成形之初，便引发了菲律宾国家从官方到民间的研究热情，如从其1981年即建立“海洋法条约内阁委员会”，旨在使菲律宾政府机构须在执行《海洋法条约》的政策及行动的各方面协调一致，并确保菲律宾基于条约所获的利益，便可见一斑。一方面，在有关海洋权益的政治谈判中，《公约》及相关协定成为支撑国家权利主张的重要依据（如与印尼专属经济区划界协定）；另一方面，在自觉政治谈判不具优势的情形下，充分有效地利用《公约》条款及强制争端解决机制精心策划在法律上的“正义”形象、舆论上的“悲情”角色，成为菲律宾尽可能谋求海洋利益的最优工具（见中菲南海仲裁案）。

第三，菲律宾仍然可能成为中国南海战略推进的正向示范。一方面，从菲律宾海洋争端的解决实践来看，中国并非菲律宾南海争端中的唯一争端方，但菲律宾与中国处理南海问题时的方式与成效却极可能对其他南海声索方产生示范效应。无论是2014年菲律宾与印尼专属经济区划界协定的签署，还是2013年菲律宾就与中国间南海争议提交国际仲裁，阿基诺三世政府的初衷都含有指责中国不遵守国际海洋法、以武力相威胁，而菲律宾树立起了以和平谈判、国际司法解决南海问题榜样的意图，从而形成拉拢其他南海声索国、孤立中国的反向示范。但就国际现况而言，印尼与菲律宾通过政治谈判解决海洋划界问题，本就符合中国坚持以谈判解决南海问题一贯立场，或可视为以政治谈判解决争端方式优越性的又一例证；而中菲南海仲裁案，虽然在仲裁裁决中给出了有利于菲律宾的结论，但裁决在当前的实际搁置无疑显示出这一解决路径的无力与困顿，从而再次体现了政治谈判在南海争端解决中的合理与价值。另一方面，从菲律宾在“一带一路”中的参与实践来看，现任政府在中菲关系最为沉寂的冰点状态下，迅速得到“一带一路”建设进程的全面接纳，从“海上丝绸之路”沿线最为冷淡的国家之一，一跃而成为参与最为积极、收获最为丰厚的国家之一，其与中国的交往方式、合作路径及发展成果，都将为中国的其他海洋争端方带来正向示范。

第四，菲律宾的南海政策可能因政局而改变，其海洋领土主权及其他海洋权益立场却基本如一。从菲律宾对中国海洋主张的回应来看，无论是阿罗约政府时期的断崖式变脸，还是杜特尔特政府上任后的颠覆式逆转，都在佐证菲律宾政局变动对其国家海洋政策的轻易左右。但需要明确的是，海洋政策的脆弱易变并不等同于国家海洋主张的根本变动或国家海洋立场的底线撤回。从菲律宾海洋立法进程及管理实践来看，菲律宾历届政府持续通过立法不断扩展其海洋领土主权主张范围，并不断通过各种行政及司法行为、国内及国际行动来确认和巩固其他海洋区域的界限。而在政局影响下发生极端转变的海洋政策，也仅限于对“搁置争议、共同开发”或“一带一路”倡议等的回应，与菲律宾海洋领土主张或其他海洋权益的可能让步并无关联。可以认为，菲律宾海洋政策的调整不过是其官方务实态度的反映和阶段性的取舍，显示出某届政府工作重心的转移，却并不会使其海洋立场也随之转变。一如杜特尔特政府“搁置”仲裁裁决，却从未也不可能“拒不承认”或“永不执行”，中菲间南海问题的角力还将漫长、艰辛且充满变数。

菲律宾海洋战略与海洋法律体系概述

夏丁敏[*]　钱丁怡[**]

摘　要:作为海洋群岛国家,海洋战略与海洋法律对菲律宾来说有着天然的重要性。目前,菲律宾形成了扩张海洋主权与海洋权益、可持续发展战略与海岸统一管理三大海洋战略。菲律宾海洋法律体系由综合性法律涉及海洋部分、直接规定海岸与海洋的法律以及涉及海洋管理的总统法令三部分组成。同时,菲律宾还建立了统一决策、管理、协调和执行各个组成部分的国家海岸监控体系,包括国家海岸监控理事会、秘书处和国家海岸监控中心。菲律宾海洋的海洋战略和海洋法律体系适合自身,但同时也存在不少问题。

关键词:海洋战略;海洋法律;国家海岸监控体系

菲律宾地处东南亚,属于海洋群岛国家,由7641个岛屿组成,于1946年7月4日获得独立。菲律宾的地理位置特殊,西接中国南海,东临太平洋,是东南亚国家联盟的成员国。菲律宾与中国在南中国海区域存在领土和海洋争端。大多数时候中菲两国维持友好的外交关系,然而由于某些域外势力的干涉和菲律宾的政治更替,争端经常不时地被激化,如2013年菲律宾阿基诺三世政府曾经对中国提起南海仲裁案。因此,关注和研究菲律宾国家海洋战略与海洋法律体系具有十分重要的理论和实践意义。

一、菲律宾海洋战略规划

菲律宾的海洋战略规划主要体现在一系列的涉海报告中,包括《菲律宾国

---

* 夏丁敏,西南政法大学国际法学院,博士、讲师。
** 钱丁怡,复旦大学法学院,法学硕士研究生。

家海洋政策》(1994)(*National Marine Policy*)、《菲律宾21世纪议程》(1996)(the Philippine Agenda 21: A National Agenda for Sustainable Development for the 21th Century)、《菲律宾群岛可持续发展框架》(2004)(the Sustainable Philippine Archipelagic Development Framework)、《菲律宾发展计划2011—2016》(Philippine Development Plan 2011—2016)与《菲律宾发展计划2017—2022》(Philippine Development Plan 2017—2022)。

这些文件属于综合类的涉海战略文件,有直接从海洋政策入手的,有从可持续发展入手的,还有从经济发展计划入手的,认识这些文件,有利于从宏观上了解菲律宾的涉海战略。

《菲律宾国家海洋政策》是菲律宾第一个综合性的海洋政策性文件。其出台的背景是,《联合国海洋法公约》在1982年缔结之后即将于1994年年底生效,菲律宾为了更好地实施《联合国海洋法公约》因此颁布了《菲律宾国家海洋政策》。《菲律宾国家海洋政策》确立了四大关切事项:(1)菲律宾国家领土;(2)保护海洋环境与生态;(3)管理海洋经济与技术;(4)海事安全。同时确立了数个纲要或原则:(1)强调在发展规划时菲律宾的群岛国性质;(2)将菲律宾沿海海洋区域视作社区、生态和资源之所在;(3)在《菲律宾国家海洋政策》的范围内执行《联合国海洋法公约》;(4)内阁海洋事务委员会与其他相关和受影响部门进行协调与协商。关于菲律宾国家领土:(1)确认菲律宾领土为既有的法律规定,同时并未与《联合国海洋法公约》相悖而无效;(2)确认《联合国海洋法公约》并未设置义务要求菲律宾撤回既有基线;(3)确认菲律宾对领海、专属经济区和大陆架的管辖权在一定的限制下,为菲律宾既有法律和习惯国际法所规定。关于保护海洋环境与生态:(1)按照可持续发展原则探测、发展与管理离岸或海洋资源;(2)在统一海岸区管理框架内发展和管理海岸资源;(3)通过综合信息项目发展和加强国家海洋意识;(4)加强海洋研究项目的发展;(5)为了海洋环境保护采取谁污染谁赔偿原则;(6)确保海事专业学校和其他机构训练涉海相关问题专家的高质量。关于管理海洋经济与技术:(1)促进可行的海洋渔业项目;(2)确保持续的和充足的能源供应;(3)发展海事部门的技术能力;(4)促进海洋领域的投资项目;(5)利用信息技术服务国家海洋政策目标;(6)就海洋事务加强区域经济和技术合作;(7)加强支持海洋问题的贸易政策。关于海事安全:(1)促进和加强海事安全作为国家安全的核心组成部分;(2)为培育海洋行业可持续获利与增长提供稳定与和平的国内社会政治环境;(3)保护和捍卫菲律宾海洋资源的完整;(4)确保准备有效回应自然灾害与人为灾害;(5)领导和引导收集、推进和分配战略信息以支持国家海洋政策。[①]

1992 年联合国环境与发展大会在巴西里约热内卢召开,会议通过了《联合国可持续发展 21 世纪议程》,菲律宾于 1996 年制定了相应的《菲律宾可持续发展 21 世纪议程》作为对环境与发展大会的承诺证明。《菲律宾 21 世纪议程》表明:为确保发展成为生命可持续的过程,达到合理而可行的经济发展、负责任的政治执政、社会凝聚与生态完整的和谐统一;并且展望:通过公正、道德、精神、经济上生机勃勃、相互关怀、多元而又凝聚的社会发展,通过适当的生产力,分享与民主的过程,以及在自然承载能力范围之内的和谐相处,实现更高质量的生活。在《菲律宾可持续发展 21 世纪议程》之后,2002 年,在联合国发展项目的协助下,菲律宾于 2004 年详细制订了《菲律宾群岛可持续发展框架》。该文件首先强调了菲律宾的水陆一体化原则,强调这种可持续发展必须认识到菲律宾占主体的海洋环境以及地理上呈碎片状的地形的影响。其次,确立了可持续发展的五条要领:(1)公平增长,贫困是海岸和海洋资源不可持续使用的核心要素;(2)可持续资源管理;(3)国家统一和政治一体;(4)寻求和平和稳定的外部环境;(5)良善的全球公民意识和国际合作。最后,规划了具体的原则与计划,有七条原则:(1)推动海岛统一,认识到在群岛环境中,陆海空人四者的互动;(2)确保所有的利益相关者有意义有回应地参与;(3)进行资源评估和项目环境影响评估;(4)为下一代维护和保护管理海洋资源与海洋环境;(5)在海岸和海洋环境中进行经济活动时采用预防原则;(6)根据国内法执行相关海岸和海洋环境管理的国际文件;(7)通过利益相关者的交流,加强对海洋、海洋进程、海洋环境、生态系统的理解。三大计划:(1)建立菲律宾群岛生态路径;(2)推动可持续发展和共享海岛遗产管理;(3)将可持续的菲律宾群岛发展政策机制化。[②]

第三类涉及五年经济发展计划,《菲律宾 2017—2022 发展计划》更新了《菲律宾 2011—2016 发展计划》的内容,确立了七项目标与三大支柱战略,三大战略分别是:(1)加强社会构造,在公共体系中重获人民信任,在菲律宾人心中培育信任;(2)向减少不平等转型;(3)增加增长的潜力。具体而言,可以分为三大部分。关于海岸与海洋:(1)提升海洋保护区自然资源的管理;(2)提升

---

① National Marine Policy, 12 *World Bull*. 145 (1996).

② Biliana Cicin-Sain, David L. VanderZwaag and Miriam C. Balgos(eds.):*Routledge Handbook of National and Regional Ocean Policies*, London and New York: Routledge Taylor& Francis Group, 2015, pp.422-423.

海岸和海洋动植物栖息地的质量;(3)加强测绘、划界与国内水域的划分;(4)加强执法与海岸和海洋区域的管理;(5)合理认定海洋保护区域;(6)增强海岸与海洋栖息地及其资源的研究;(7)推动可持续的渔业与海洋产业发展,包括渔业与水产业、海洋能源、油气勘探、船运与海洋运输、船舶建造、生态旅游、海洋生物科技等等;(8)包括海洋在内的生态评估和自然资源监控体系机制化;(9)推动海岸统一管理战略的进入立法议程;(10)将海岸与海洋资源产业列入可持续资源产业加快发展;(11)发展海岸生态旅游与文化景点。关于海洋安全:(1)加强外交和国防能力保护本国主权和领土完整,应对海洋争端,确保海洋安全;(2)面对多边海洋争端的挑战,在中国南海通过外交推动尊重规则为基础的机制;(3)根据国际法,特别是1982年《联合国海洋法公约》解决海洋管辖权争端;(4)加强海洋法实施人员的设备、设施、技能,保护海洋战略利益与领水,执行海洋法与海洋政策。关于渔业:(1)加强渔业管理的政府治理框架确保有效;(2)扩展在农业、林业与渔业中的经济机遇;(3)通过生态系统的路径将渔业管理转为防护与维护;(4)进行全国性的定期渔业资源调查与评估;(5)执行合适的渔业管理战略;(6)加强措施应对非法、不报告和不规范的捕鱼;(7)执行渔船登记制度和授予执照制度。①

二、菲律宾涉海法律体系

菲律宾海洋法律体系由综合性法律涉及海洋部分、直接规定海岸与海洋的法律、涉及海洋管理的总统法令等三部分组成。

1.菲律宾宪法

菲律宾自1946年独立以来,共有两部宪法,即1973年宪法和1987年宪法,两部宪法的第1条内容都是关于国家领土,1987年宪法有部分修正1973年宪法的内容,1987年宪法第1条规定:菲律宾“国家领土由菲律宾群岛组成,涉及其所包含的所有岛屿及水域和其他所有菲律宾拥有主权或管辖权的领土,包括陆地、河流和空中区域,包括领海、海底、底土、海岛陆架和其他海底区域。群岛水域周围、之间和连接各群岛岛屿的水域,不管其宽度和面积,都属于菲律宾内水组成部分”②。1987年宪法相比1973年宪法增加了两部分涉及海洋的内容。1987年宪法第12条第二部分规定:“国家政府保护国家在群

① Philippine Development Plan 2017—2022.

② 1987 Constitution of the Republic of the Philippines.

岛水域、领海与专属经济区的海洋财富，并且确保其使用与享有专属于菲律宾公民。”[1]1987年宪法第13条第七部分规定：“国家政府保护渔民特别是地方渔民的生存权，确保其无论在内陆还是近海优先使用公共海洋和渔业资源。政府为渔民提供适当的技术与研究、充分的金融、生产、市场协助以及其他服务的支持。政府保护、发展和维护这些资源，并且保护渔民的捕鱼范围不受外国的入侵。渔业从事者应当从其使用海洋或渔业资源的工作中获得公正的分配。”[2]

2.地方政府法

1991年，菲律宾制定了《地方政府法》，即菲律宾第7160号共和国法案。地方政府法划分了菲律宾中央政府与地方政府的权力，地方政府在其所管辖的范围之内行使权力，保护、开发和利用海洋资源，管理其出口，进行征税，促进生产，对海洋区域进行规划。

三、海洋部门法

正如菲律宾宪法中主要规定海洋区域范围和海洋资源特别是渔业资源保护一样，菲律宾法律体系中直接涉及海洋的部门法也主要是涉及领海的领海基线法，以及涉及渔业的一系列法律。总体而言，在目前菲律宾共和国所有的11000多部法律中，有150部左右的法律直接涉及海洋相关的内容。

(一)菲律宾领海基线法

菲律宾首部《领海基线法》制定于1961年，为菲律宾第3046号共和国法案，在序言中指出了菲律宾的领土来自美国与西班牙1898年和1900年两个条约中放弃的领土，以及美国与英国缔结的1930年条约中放弃的领土，菲律宾对该领土行使管辖权。[3] 并且在第一部分内容中特别详细地规定了菲律宾领海的基线的数据。1968年菲律宾颁布了第5446号共和国法案，修订了印刷排字上的错误。2009年菲律宾第三次修订领海基线法，为第9522号共和国法案，该法案在第一部分中重新编排了领海基线的数据，增加了基点的数据，扩张了菲律宾岛屿声索。第三部分强调，菲律宾对其领土拥有统治权、主

---

① 1987 Constitution of the Republic of the Philippines.

② 1987 Constitution of the Republic of the Philippines

③ 1963 An Act Define the Baselines of the Territorial Sea of the Philippines.

权和管辖权。特别要注意的是，该法案在第二部分中点名卡拉延群岛(The Kalayaan Island Group)和斯卡伯勒礁(Bajo de Masinloc, Scarborough Shoal)，规定菲律宾对其行使主权并且适用《联合国海洋法公约》第121条岛屿制度。① 卡拉延群岛由50多个岛礁组成，其中包括中国主张的南沙中业岛，以及目前中国控制下的六个岛屿；斯卡伯勒礁(中国称之为黄岩岛)。可以说该法案成了菲律宾与中国爆发领土争端，进行非法索求的核心国内法律依据。

(二)渔业法

菲律宾作为海岛国家，特别重视渔业，有40部法律直接与渔业相关，包括渔业学校升级、渔业技术发展、地方省市与渔业、渔业资源保护、渔业港口设立、海洋渔业实验室建立、特别方式的钓鱼捕鱼规范、渔业委员会的创立、渔业行为规范等方面的法律。其中比较重要的法律有四部，分别是1963年第3512号"建立渔业委员会"共和国法案，1997年第8435号"农业与渔业现代化"共和国法案，1998年第8550号"渔业法典"共和国法案，2015年第10654号作为渔业法典修正案的"预防、阻止、消除非法、未经报告、不规范捕鱼"共和国法案。

其中居于核心地位的是1998年菲律宾《渔业法典》。该法典一共分为九章，分别规定了：(1)政策与定义的宣告；(2)渔业与水产资源体系的利用、管理、发展、维护和分配；(3)渔业与水产资源局的重建和渔业与水产资源管理理事会的创立；(4)渔业储备、保护与保护所；(5)渔业研究与发展；(6)禁止与处罚；(7)一般条款；(8)过渡条款；(9)最后条款。本部《菲律宾渔业法典》共确立了七条政策目标，分别是：(1)为人民提供食物的目的下在渔业资源的利用、管理、发展、维护和保护过程中必须首要考虑食品安全；(2)为了菲律宾公民排他性使用和享有的目的限制菲律宾渔业与水产资源的使用；(3)确保在菲律宾专属经济区和毗连区中渔业与水产资源合理、可持续地发展、管理与维护，保证生态平衡与环境资源；(4)保护渔民的权利；(5)通过合适的技术与研究，充足的金融，生产、捕获后的设施建设，市场协助等方法支持渔业部门；(6)以统一沿海区域管理的方式对渔业与水产资源进行管理；(7)使用授权证、许可证、准许证等方式授权私人使用渔业资源。②

---

① 2009 the Baselines of the Territorial Sea of the Philippines.

② The Philippine Fisheries Code of 1998.

四、涉及海洋的总统行政令(executive order)

菲律宾总统施政的其中一种重要方式就是颁布行政令,新一任总统任期开始,总统令由1开始重新进行编号。作为一个海岛国家,海洋对于菲律宾异常重要;对于菲律宾总统来说,同样如此。从1980年以来每一任菲律宾总统都会颁布关于海洋的行政令,包括关于涉海决策机构变更,关于涉海管理机构职权确认与关于海洋管理战略等等。例如第十五任菲律宾总统阿基诺三世(Benigno S. Aquino III)在其任期内(2010—2016)颁布的涉海行政令有第57号(2011)行政令、第75号(2012)行政令与第197号(2016)行政令,第57号行政令是关于涉海决策机构的更换,第75号与第197号行政令分别确立了具体海洋工业与海洋运输的管理机构。

确立菲律宾海洋管理战略最重要的总统令是第十四任总统阿罗约(Gloria Macapagal Arroyo)在2006年颁布的第533号行政令,该行政令确立了统一海岸管理制度(Integrated Coastal Management,ICM)作为国家的海洋战略,确保菲律宾国家海岸与海洋环境的可持续发展。[①] 统一海岸管理制度在第533号中被定义为:一个涉及利益相关者动态计划与管理的过程,在该过程中要求分析发展的环境与社会经济影响、生态体系进程以及在行使管辖时陆地和海洋行为之间的互动关系。第533号总统令规定执行统一海岸管理制度,必须要考虑如下因素:(1)建立一个跨机构与多部门的机制来协调不同机构、部门的工作;(2)海岸战略与行动计划必须能够提供一个长期的愿景、促进海岸区域的可持续发展、具有时间确定并且处理优先问题与关切的行动计划;(3)促进公共意识,提高区域海岸与海洋资源的理解与鉴别,在计划和执行统一海岸管理制度时促进利益相关者的共同责任;(4)确保统一海岸管理制度在国家和地方制定计划与社会经济规划中的主要地位,分配足够的财政与人力资源保证其执行;(5)提高能力建设,加强所需要的人力资源技能、科技投入与执行机制以确保实现所制定的规则与条例;(6)进行统一的环境监管,测量管理项目在可持续发展指标中的地位、进展与影响,为政策制定、公共意识、绩效评估而使用;(7)为环境保护和资源维护提供投资机会与可持续的金融机

---

① Biliana Cicin-Sain,, David L. VanderZwaag and Miriam C. Balgos (eds.): Routledge Handbook of National and Regional Ocean Policies, *London and New York: Routledge Taylor& Francis Group*, 2015, p.424.

制。具体而言需要采取如下行动:(1)将海岸与海洋使用带作为管理工具;(2)发展可持续的渔业与进行生物资源的维护;(3)通过海洋保护区、自然保护区、庇护区域来保护和复原珊瑚礁、红树林、海草、河口和其他栖息地;(4)发展山地、水域、流域和盆地的管理方法;(5)统一所有主要资源的荒废管理;(6)对港口的安全、健康、环境保护进行统一管理;(7)将私人与商业部门包含进统一海岸管理的合作者中;(8)进行统一海岸管理制度的教育,教育部需要将其纳入小学和中学的教育科目中;(9)为地方政府提供统一海岸管理的培训项目;(10)对统一海岸管理进行环境和自然资源的审计与评估;(11)建立海岸与海洋环境信息管理体系。①

五、菲律宾海洋决策、管理与执法机构

菲律宾涉及海洋的机构共有三个层次,分别是顶层海洋决策协调机构、中层各部门海洋职能管理机构、下层海洋执法机构。顶层海洋决策协调机构是依据2011年菲律宾阿基诺三世颁布的第57号行政令建立的国家海岸监控理事会(the National Coast Watch Council);中层各部门海洋职能管理机构包括菲律宾国家各大部委;下层海洋执法机构主要为运输及通讯部下属的海岸警卫队(the Philippines Coast Guard),另外还包括国防部下属的海军、内政及地方政府部下属的国家警察海事处与财政部下属的海关。目前这三层级已经统合纳入国家海岸监控体系(the National Coast Watch System,NCWS),包括国家海岸监控理事会、秘书处和国家海岸监控中心。

(一)海洋决策协调机构

1.历史演变

《联合国海洋法公约》于1982年缔结,在公约缔结前的1981年,菲律宾第十任总统费迪南德·马科斯(Ferdinand Marcos)签署任内第738号行政令建立"海洋法条约内阁委员会"(Cabinet Committee on the Treaty on the Law of the Sea)来负责执行即将缔结海洋法条约。1988年,第十一任总统柯拉蓉·阿基诺(Corazon Aquino)发布任内第328号行政令,重组海洋法内阁委员会(The Cabinet Committee on the Law of the Sea),委员会的成员由六部

---

① 2006 the Philippine Executive Order No. 533: Integrated Coastal Management Policy.

委增加为十二部委。1994 年,在《联合国海洋法公约》正式生效前,第十二任总统菲德尔·拉莫斯(Ramos Pentagon)签署任内第 186 号行政令,将海洋法内阁委员会改组为内阁海洋事务委员会(Cabinet Committee on Maritime and Ocean Affairs,CCMOA),并且增建了海洋事务技术委员会(Technical Committee on Maritime and Ocean Affairs)。1999 年第十三任总统约瑟夫·埃斯特拉达(Joseph Ejercito Estrada)颁布任内第 132 号行政令,强化海洋事务委员会,扩张了技术委员会的职能,进一步增加设立海洋事务中心(Maritime and Ocean Affairs Center,MOAC)。2001 年,第十四任总统格洛丽亚·马卡帕加尔·阿罗约(Gloria Macapagal Arroyo)签署任内第 37 号总统令,废除内阁海洋事务委员会,将其职能直接给外交部(DFA)与海洋事务中心。阿罗约总统于 2007 年再次颁布机构改革的第 612 号行政令,重新建立总统统领下的海洋事务委员会(Commission on Maritime and Ocean Affairs,CMOA)。2011 年第十五任总统贝尼尼奥·西米恩·阿基诺三世(Benigno S. Aquino III)颁布第 57 号行政令建立国家海岸监控体系(NCWS),进行了所有涉海力量的整合,最为重要的是确立了菲律宾最高国家海洋决策机构——国家海岸监控理事会(the National Coast Watch Council,NCWC)。

2.国家海岸监控体系(NCWS)

国家海岸监控体系目前在菲律宾政府网站内设有专门的网站,网址为:http://ncws.gov.ph/,并且在 2011 年的总统行政令中规定了其内部组织构成与职权。该体系由三部分构成。

第一,国家海岸监控理事会。理事会共有九个成员,由总统行政秘书担任理事会主席,成员分别为运输部长(Secretary of Transportation)、国防部长(Secretary of National Defense)、外交部长(Secretary of Foreign Affairs)、内务与地方政府部长(Secretary of the Interior and Local Government)、司法部长(Secretary of Justice)、能源部长(Secretary of Energy)、财政部长(Secretary of Finance)、环境与自然资源部长(Secretary of Environment and Natural Resources)、农业部长(Secretary of Agriculture)。[①] 国家海岸监控理事会是菲律宾国家海岸监控体系的"大脑",它作为一个跨机构的中央实体而存在,为国家提供海洋战略方向,制定了公布海洋政策方针。具体职能包括:(1)为国家海岸监控系统的海洋安全行动、多边与跨界海洋安全合作提供战略

① 2011 the Philippine Executive Order No. 57: Establishing A National Coast Watch System.

方向与政策方针；(2)展开定期海洋安全行动评估，向总统与国家安全委员会提交报告；(3)向总统提供管理和保护国家海洋领域的政策与程序建议，发布行政规则与条例加强菲律宾国家海洋安全；(4)为海洋安全任务协调能力规划与资金需求；(5)协调与整合不同政府部门的角色与关系；(6)根据需要召集或解散跨机构委员会或工作组来协助理事会履行职能；(7)在任何影响国家的海洋问题上对无论外国还是地方的政府机构、专家和组织，行使在政策制定、执行与协调上的总体管辖与指导；(8)在履行其职责或功能的时候，指定或要求任何部门、局和机构提供支持和协助；(9)当理事会履行其行政令规定的职责必要时公布规则与条例；(10)在主席认为能有效履行其职能必要时或者总统指示时履行其职能。①

第二，海岸监控理事会秘书处。秘书处是理事会之“手”。它为理事会提供技术和行政支持，以确保理事会所有的战略或政策方针得以制定和执行。此外，它还有以下几点作用(1)为理事会提供咨询研究和行政服务；(2)在建议和审查涉及海洋安全的立法和行政发布时协助理事会；(3)为理事会召集和建立的跨机构委员会和工作组履行相应的职责时提供行政、技术、秘书方面的支持帮助；(4)履行理事会指示的其他职能和任务。②

第三，国家海岸监控中心。中心是国家海岸监控体系之“腿”，是依据理事会制定的战略指向与政策方针执行和协调海洋安全行动的主要机构。其为菲律宾海洋领域提供 7 天 24 小时的监控。该中心主要由菲律宾海警局领导，并且除此之外，还由菲律宾海军、菲律宾国家警察海事处、司法部国家检察机关、海关部门、移民局、国家调查署、渔业和水产资源局、菲律宾跨国犯罪中心提供支持。其主要执行如下职能：(1)收集、联合、综合和发布涉及海洋安全的信息；(2)发展和维持有效的交流和信息体系来加强跨机构海洋安全行动方面的协作；(3)有关机构提出要求或紧急事态发生时，整合海洋监控或回应方面的行动；(4)对海洋安全任务行动方面的文件或报告进行计划、整合、监督和评估；(5)当得到理事会授权时，协调跨边界和多国海洋安全合作；(6)协调支持起诉被逮捕的违反者；(7)发展一个共同的行动图景来加强海洋态势认知；(8)对海洋安全进行定期评估；(9)当理事会授权时，与外交部协作发起跨边界

① 2011 the Philippine Executive Order No. 57: Establishing A National Coast Watch System.

② 2011 the Philippine Executive Order No. 57: Establishing A National Coast Watch System.

和多国海洋安全合作;(10)履行理事会指示的其他职能。[①]

(二)各部门的海洋职能管理机构

菲律宾涉及海洋职能的机构众多,至少包括环境与自然资源部、农业部、交通及通讯部、能源部、海军、科技部、国会和地方政府。各个对口职能管理机构对应相应的涉海职能。(1)涉及海港的靠海商业性构筑物、码头、旅客设施、海军设施、渔业设施和娱乐休闲设施分别由交通及通讯部、地方政府、海军对应负责;(2)涉及航运、运输船舶的由交通及通讯部、内务及地方政府部负责;(3)涉及航线及其过境、分航等由交通及通讯部、内务及地方政府部负责;(4)涉及航运、导航设置等的由交通及通讯部负责;(5)涉及海底管道与线路的由能源部、环境与自然资源部负责;(6)涉及海洋水产资源的由交通及通讯部、农业部、环境与自然资源部、地方政府、内务及地方政府部、国防部共同负责;(7)涉及海洋油气资源的勘探、开发与储存由能源部、科技部、环境与自然资源部负责;(8)涉及矿藏资源的由环境与自然资源部、地方政府负责;(9)涉及风能、海水能、底土能源等可再生能源由能源部与科技部负责;(10)涉及休闲娱乐的由旅游部、交通及通讯部、地方政府负责;(11)涉及国防与其他海军活动的由海军负责,涉及海滨人工构筑物的由环境与自然资源部、交通及通讯部、地方政府负责;(12)涉及海洋科学研究的由科技部、环境与自然资源部、农业部、能源部负责;(13)涉及污染的由地方政府、能源部、环境与自然资源部、交通及通讯部、内务与地方政府部、海军负责;(14)涉及环境保护与养护的由环境与自然资源部、科技部、农业部负责。[②]

(三)海洋执法机构

菲律宾海洋执法机构主要是菲律宾海岸警卫队(Philippine Coast Guard)。在菲律宾政府网站下设有专门网站 http://www.coastguard.gov.ph/index.php。菲律宾于 1967 年颁布第 5173 号共和国法案成立国家海岸警卫队,隶属于海军;其后 1998 年,第十二任总统菲德尔·拉莫斯(Ramos Pentagon)先后在当年 3 月和 4 月颁布两个行政令,先将海岸警卫队移交由总统

---

① 2011 the Philippine Executive Order No. 57 Establishing A National Coast Watch System.

② 李景光主编:《国外海洋管理与执法机制》,海洋出版社 2014 年版,第 201～203 页。

办公室管理，最后移交由交通及通讯部管理，实现了海岸警卫队的非军事化，方便与其他涉海部门开展合作和行政执法。

2009年，菲律宾国会通过第9993号共和国法案对《海岸警卫队法》进行修订，确立了海岸警卫队的如下职能：(1)根据海洋国际公约、条约、文件以及国内法开展执法，促进菲律宾海洋管辖权之下海域人员财产的安全，进行港口国法律控制执行；(2)在离开前，对所有商业船舶进行检查，确保遵守安全标准、规则和条例；(3)拘捕、停止或阻止不遵守安全标准、规则和条例的船舶航行或离港；(4)对商业远洋船舶进行应急状况准备评估；(5)经交通及通讯部部长的批准，发布和执行促进所有海洋相关行为的海上人员与财产安全相关的规则和条例；(6)整合、发展、建立、维护和协助在菲律宾海洋管辖权范围内的航海、船舶交通系统、海洋通讯和搜救设施；(7)对航海有害的沉没物或漂移物进行移除、销毁或者挪至港口；(8)发布船舶救助许可证，监督所有海洋救助行动，规定和执行相关规则和条例；(9)根据适用的国际公约，为在菲律宾海洋管辖之下的海域包括公海中遇险的个人和船舶提供援助和搜索援救；(10)对所有海上事故的原因、死亡数、受伤数和财产损毁进行调查；(11)协助执行渔业、移民、税收与海关、林业、火器和爆炸物、人口贩卖、危险药品和受控制的化学品、跨国犯罪的法律，以及其他菲律宾海洋管辖权之下的其他可适用的法律；(12)登临和检查所有的商业船舶和水上船只，履行相关职责；(13)执行法律、公布和执行规则及条例，保护菲律宾海洋管辖权之下的海洋环境和来自离岸源的资源；(14)发展石油泄漏应急、抑制和回收能力，阻止来自船载的污染；(15)在能力和符合职权的范围内，许可请求其他政府部门的协助；(16)为了协助菲律宾海警队履行其职能，组织、训练和监督海警队的附属机构；以及(17)为实现本法案的目的履行必要的其他职能。[①]

六、菲律宾海洋战略总结与评价

(一)菲律宾海洋战略总结

1.扩张海洋主权与海洋权益战略

菲律宾通过国内立法及政策制定、国家实践和国际合作三个方面，扩张本国的海洋主权和海洋利益。第一，在《宪法》中规定国家对相关海域的主权和

① Philippines Coast Guard Law of 2009.

管辖权,并且通过修订领海基线法和发布总统令(Presidential Decrees),逐渐在法律层面确立扩张占领岛屿的国内法律依据。最早确认菲律宾领土范围的是菲律宾1961年的领海基线法和1973年宪法,两部法律延续了美国与西班牙达成的《巴黎条约》和《华盛顿条约》以及美国与英国缔结的一个条约所规定的领土范围。其后1978年菲律宾第十任总统费迪南德·马科斯签署任内的第1596号总统令,将“卡拉延群岛”归入菲律宾领土(涉及中国南沙群岛的大部分岛屿),至2009年修订《领海基线法》正式法律将中国南沙群岛的多数岛屿和黄岩岛归属菲律宾主权范围。1978年,马科斯总统还颁布了第1599号总统令建立专属经济区制度(Establishing An Exclusive Economic Zone And For Other Purposes)。[①] 第二,在正式国家法律文件和行政文件确认前后,20世纪70年代菲律宾通过国家行动已经非法占领了属于中国南沙群岛的马欢岛、费信岛、南钥岛、中业岛、西月岛、北子岛、上黄沙洲和司令礁,到了90年代菲律宾又开始将手伸向黄岩岛。[②] 第三,菲律宾通过引入第三方力量制衡与其领土有争端的国家。就与中国的冲突而言,菲律宾属于国家实力和军事实力较弱一方,因此积极和美国结盟,同时深化与日本的合作,一方面提升自身的防务能力,另一方面从各个方面对中国施压。例如2014年,菲律宾与美国签订了《加强防御合作框架协定》。另外,菲律宾还拉拢东南亚国家以及澳大利亚对抗中国。更为典型的例子是,2013年菲律宾对中国提起南海仲裁案,利用《联合国海洋法公约》中的仲裁制度强行将中国卷入非双边的争端解决机制。

2.陆海环境与资源的可持续发展战略

从上述各个综合性海洋战略规划文件中都可以看出,菲律宾推行海洋的可持续发展战略。第一,在菲律宾1994年的《国家海洋政策》中,就强调“保护海洋环境与生态”“按照可持续发展原则探测、发展与管理离岸或海洋资源”。第二,为了回应1992年《联合国可持续发展21世纪议程》,1996年菲律宾制定了《菲律宾可持续发展21世纪议程》,该议程是第一个菲律宾以可持续发展为主题的报告,议程是从国家整体综合的角度布置的战略决策,确立经济、政治、社会和生态一体,同时也适用于海洋发展。第三,2004年菲律宾进一步推出了《菲律宾群岛可持续发展框架》,该文件深刻认识了菲律宾国家的自然地

---

① 张海文、李红云主编:《世界各国海洋立法汇编:亚洲和大洋洲国家卷》,法律出版社2012年版,第463～464页。

② 朱新山:《菲律宾海洋战略研究》,时事出版社2016年版,第117～118页。

理环境，菲律宾是作为群岛国家而立国的，因此需要推动水陆一体化和海岛统一化原则，从整体上来发展菲律宾的环境、资源和经济，实现海陆空人四者互动，最终将可持续的群岛发展政策机制化。第四，在菲律宾《2011—2016 发展计划》和《2017—2022 发展计划》中，继续确认将海岸与海洋资源产业列入可持续资源产业加快发展。第五，该可持续发展还体现在众多的其他部门法中。例如 1992 年第 7586 号共和国法案《国家统一保护区系统法》(National Integrated Protected Areas System)，2001 年第 9147 号共和国法案《野生动物资源保育和保护法》(Wildlife Resources Conservation and Protection Act)，2008 年第 9512 号共和国法案《国家环境意识和教育法》(National Environmental Awareness and Education Act)。

3.海岸统一管理战略

最早推行海岸综合管理的规范性文件毫无疑问是 2006 年颁布的第 533 号行政令，之后在《2017—2022 发展计划》中明确提出“推动海岸统一管理战略进入立法议程”。海岸统一管理意味着如下数个要素之间的统一：第一，管理行为对象的陆地行为和海洋行为的统一；第二，管理属事对象的环境、生态、社会、经济的统一；第三，管理属人对象的以海洋利益相关为统一，无论个人还是团体，无论来自国内还是国外；第四，管理主体的决策者、操作者和执法者的统一；第五，管理计划规划的动态过程与静态机制的统一；第六，管理手段的立法与行政、指引与强制、协助与监管、长期与短期、责任与教育等的统一。菲律宾海岸统一管理最为显著的制度保障是国家海岸监控体系(NCWS)，该体系包括顶层的决策机制、中层的协调机制、下层的执法机制，以及行政辅助机制，可以说从形式上统合了所有的国家涉海力量。该海岸监控体系使得在国家层面统一的海岸管理变得可能和可行。除了国家层面以外，海岸统一管理战略还涉及国家与地方的关系，菲律宾海岛众多，情况各不相同，地方政府管辖各自法律规定的范围和事项。事实上，1991 年《菲律宾地方政府法》已经授权地方政府进行沿海区域和渔业等水产资源的管理，因此地方政府事实上在海岸统一管理体系的具体操作中扮演了重要的角色。除了国家海警队等的执法力量，地方政府的具体规划和执法同样重要，影响着海岸统一管理体系的实效成败。

(二)菲律宾海洋战略简评

菲律宾是一个小国，但又是世界上主要的海岛国家之一，海洋对于菲律宾来说至关重要，国际上的海洋实践和海洋法律制度也对其影响巨大。因此，菲

律宾的长处在于应对回应国际海洋法律秩序甚为敏锐,短处在于菲律宾是一个小国亦非强国,同时复杂的国内政治导致具体的海洋制度构建执行与海洋目标存在不小差距。

菲律宾作为重要的海岛国家,海洋是其生命线,因此其对国际海洋法律制度的构建反应十分迅速,能够抓住海洋国际法律制度形成过程中的时机。一方面,(将其)快速地转化为国内的制度建设和国家的海洋实践。在 1958 年,联合国第一届海洋法会议结束,并形成《领海及毗连区公约》《大陆架公约》与《公海公约》后,菲律宾于 1961 年就制订了本国的《领海基线法》。1982 年在第三次海洋法会议行将结束与《联合国海洋法公约》即将缔结时,菲律宾率先在 1981 年成立了"内阁海洋条约委员会",负责实施即将缔结的《海洋法公约》。2009 年,菲律宾在联合国外大陆架界限委员会要求各国提交外大陆架申请的最后期限 2009 年 5 月 13 日之前,于 4 月 8 日提交了 200 海里外大陆架的申请。

另一方面,更为重要的是,菲律宾能够积极参与国际海洋法律制度的建设,推动自己的理念和利益进入国际海洋法。其在三次海洋法会议期间,积极推动"群岛国制度"纳入国际海洋法。在第一次和第二次海洋法会议期间,虽然受到东南亚其他国家的反对,但是菲律宾联合马来西亚依然多次提出"群岛国制度"议案。因为,国际上真正的群岛国为数极少,能够从该制度中真正获益的主要就是菲律宾和马来西亚。第三次海洋法会议于 1973 年召开,菲律宾再次联系马来西亚、斐济和毛里求斯,提出《关于群岛的条款草案》,提出了群岛基线、群岛水域法律地位和群岛通过制度的议案,最后在 1982 年缔结的《联合国海洋法公约》纳入了菲律宾等四国提出的意见,在海洋法公约的第四部分规定了群岛国制度,菲律宾的大多数主张被采纳。[①] 其后,《联合国海洋法公约》便成为菲律宾相关主张的国际法依据被反复引用。

当然菲律宾海洋战略及其实施的问题也不少。菲律宾政治结构复杂,国家政治主要由数个大家族把控,不同的政治家族之间斗争激烈,不同的总统上台往往代表的是不同的政治家族利益,所以通常会选择调整或者推翻前任的机构设置。前文中提到,关于海洋决策管理机构,从 1981 年设立以来,至少经历过七次或大或小的变动,而且仔细观察,七次变动都是由不同的总统发起的。事实统计,自菲律宾第十任总统至第十六任总统,每个总统任期内都发布了一次行政令,第十四任总统阿罗约发布了两次,调整海洋决策管理机构。另

---

① 朱新山:《菲律宾海洋战略研究》,时事出版社 2016 年版,第 130～134 页。

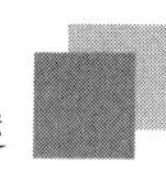

外从该机构名称的变化、机构的隶属、机构的主席、机构的会员数的变动来观察,就能够推测出其中各政治权利斗争的激烈,也就造成了菲律宾海洋决策管理机构的频繁变动,领导人和主导部门的不断变动。各部门之间的权力争斗,导致职能发挥不稳定,容易出现误判形势,无法审慎应对,甚至盲目决策的情况。目前为止,海岸监控理事会的存在看似相对稳定,但是依然缺乏法律依据,菲律宾的海岸监控体系看似完整,但是缺少海洋基本法级别法律的规制和固定。

菲律宾属于小国,也非强国,国家实力有限,但是确立了全球海洋领导国家(To be a Global Leading Maritime Nation)的海洋战略野心,两者之间存在巨大的落差。菲律宾主要负责海洋战略和海洋法的执行机构菲律宾海警队,海洋巡逻的能力严重不足,其拥有的船只无法保证其职能得到充分的行使。即使作为支援单位的菲律宾海军也处于大型军舰短缺、经费不足的处境中,不得不依赖美国提供常年的军事援助。海上执法能力的不足,限制了菲律宾海洋战略的实现。其次,菲律宾也缺乏足够技术、资金和相应的设施在其非法主张的专属经济区和大陆架上开发和勘探相应的深海油气等矿物和非生物资源。最后,大量涉及具体管辖的地方政府,更是缺少相应的知识和能力,经济和社会发展的不足,严重影响了地方政府的海洋战略执行能力。总体而言,菲律宾确实决策与协调机构不稳定、海洋执法能力不足、国家与地方海洋战略执行能力薄弱等问题。①

结　语

菲律宾是一个海洋意识极为突出的国家,这是由其特殊的国家地理位置和国家形态所决定的。这种海洋意识演变成了宏观的战略与具有拘束力的制度。菲律宾国家的发展历史某种程度上就是其海洋战略、海洋法律制定和执行的发展历史。在这一过程中,菲律宾还与国际海洋法律体系的发展密切相关。一方面,菲律宾在国际海洋造法进程中推动其主张,如推进群岛国海洋制度写入 1982 年《联合国海洋法公约》使得其权益获得最大化;另一方面,在其海洋战略和海洋法律体系中积极吸收国际法海洋法律制度的最新成果,如可持续发展和海岸统一管理原则。这一进程帮助菲律宾推进海洋现代化,在经

① 雷小华、黄志勇:《菲律宾海洋管理制度研究及评析》,载《东南亚研究》2014 年第 1 期。

历了纷繁动荡之后,使其拥有了一套国内统一的海洋决策、协调、管理和执行体系,将有助于其海洋战略的实现和海洋法律的实施。菲律宾的海洋战略、海洋法律体系和运行机制值得我们关注和吸取经验。

泰国电子支付服务监管法律制度及其启示

王泽银*

摘　要:2016年以来,随着"无现金社会"计划的推进,泰国电子支付得到快速发展。泰国《支付体系法案》实施前,泰国有多部法律规范电子支付服务,这些法律法规侧重建立市场准入制度,缺乏经营监管内容,监管架构不明确,监管标准不统一,导致监管效率低下,参与者守法成本高。为了构建一个统一明确的监管法律制度,2017年泰国拉马十世国王恩准颁布了《支付体系法案》,随后泰国财政部与泰国央行先后颁布16部规章取缔了原来的规章。新法案框架下的监管侧重支付业务的分类、许可—登记双层级市场准入制度的设置、备付金的管理与处置、财务状况审查、遵守善治原则、安全与风险管理审查、保障用户权益以及明确罚则。通过分析泰国电子支付服务监管主要措施总结出泰国的监管思路,启示我国在电子支付监管方面应当重视依法监管、分类监管、支付服务商的财务状况审查,并尽快完善我国电子支付法律制度,为支付企业"走出去"建立制度自信。

关键词:泰国;电子支付;支付体系法;电子支付法律制度

电子支付是现代市场经济和金融活动的重要基础服务。拥有安全高效的电子支付体系是各国数字经济金融持续健康发展的重要保障。2016年泰国政府提出"泰国4.0高附加值经济模式",即推动更多新技术和创新技术应用,使创新真正成为推动泰国经济增长的主要动力。其中,推行国家电子支付(National e-Payment)计划构建"无现金社会"是该经济发展模式下的重要工程之一。随着"无现金社会"计划的推进,如全面推行"即时支付"(PromptPay)系统、制定二维码支付标准以增加公民使用移动支付信心等,泰

* 王泽银,西南政法大学国际法学院教师、中国—东盟法律研究中心秘书长助理。

国电子支付从2016年开始呈现持续增长趋势,其业务规模、涉及领域不断扩大。据泰国央行统计,2007年至2012年,泰国现金使用占总GDP的10%,到了2013年至2017年降为5%。人均电子支付笔数增长5倍。最受欢迎的支付方式依次是:移动支付和转账、电子货币以及卡支付。泰国电子支付服务内容多样,支付服务商主体多元。以商业银行、非银行金融机构及非金融机构[①]法人为主体的支付市场百家齐放,竞争有序。截至2019年1月5日,泰国央行注册的支付服务有184项[②],其中61项是商业银行的业务,10项是非银行金融机构的业务,剩余113项属于非金融机构支付服务。泰国电子支付稳定快速发展,除了政策引导之外,与其独具特色的适度监管密不可分。

一、泰国电子支付监管法律制度框架

(一)泰国电子支付监管法律法规

泰国《支付体系法案》于2017年颁布,2018年实施,同时期依据该法案财政部出台了2部规章,泰国央行出台了14部规章,这1部法案16部规章确立了含电子支付在内的支付体系监管法律体系。泰国《支付体系法案》颁布以前,泰国有多部法律规范电子支付。2001年颁布了《电子交易法案》,该法的责任部门是泰国工信部,主要规范电子签名、电子合同的效力以及其他电子证据或交易行为的合法性。依据《电子交易法案》,泰国于2008年和2016年先后颁布了2部行政条例:《电子支付服务监督条例》《专门性金融机构电子支付服务监督条例》,这两部条例分别针对非金融机构和专门性金融机构设置了市场准入条件,但没有约定具体的监管内容。与此同时,如果支付服务商要从事电子货币服务,还需要遵守泰国财政部颁布的《财政部第58号关于"根据革命委员会公告第五条规定需要申请许可证的活动(经营电子货币服务)"的通知》,该通知于2004年10月4日颁布,并经历了三次修订。2017年,为了降低支付服务商守法成本,促进创新的同时兼顾支付安全与效率,泰国拉马十世国王恩准颁布《支付体系法案》。除《电子交易法案》以外,上述提到的行政条

---

① 非金融机构是指没有按照《金融机构设立法案》成立的机构。

② 泰国电子支付市场准入机制采用分类准入,即将电子支付业务划分为不同类别,每种类别的准入条件不同。一个主体可申请一张电子支付牌照,一张电子支付牌照可能包含一项或多项支付服务许可。

例和财政部颁布的通知在《支付体系法案》生效后同时废止。《支付体系法案》为泰国支付体系提供了一个统一而明确的法律监管框架。它适用于重要支付体系、受监管的支付系统和受监管的支付服务,即所有支付服务商不管是银行、非银行金融机构还是“Ture Money”一类的第三方支付机构,在从事支付服务方面受同一个法律体系监管,标志着泰国将第三方电子支付服务纳入了整体金融监管范畴。

泰国《支付体系法案》的位阶属于皇家法案(Act),其法律效力仅次于宪法及其修正案。该法案除序言和附则以外,一共 6 章 57 条,主要包括重要支付系统的定义、准入制度设定以及监管权责的明确;受监管的支付系统的定义、准入制度设定以及监管权责的明确;受监管的支付服务类别、准入制度以及备付金相关条款;监管、审查、运作及状态的调整;被监管对象的上诉权利;罚则(行政处罚和刑事处罚)。依据法案出台的泰国财政部规章,主要针对受监管的支付系统和受监管的支付服务设定市场准入的条件、方式和规则。而泰国央行则根据法案赋予的权利为每一类支付系统和服务制定了专门的管理办法,主要包括监管原则,市场准入的条件、方式和规则,支付服务商需要遵守的各项义务,过渡性条款等。

(二)泰国电子支付监管部门及其职权

泰国整体金融监管采用分业监管模式。泰国央行是货币市场主要监管主体,监管银行业、金融机构、支付系统和服务、资产管理公司等。泰国证券交易委员会是资本市场主要监管主体,负责监管证券交易所、基金公司等。泰国保监会监管保险业务。此外泰国财政部和泰国商务部也是金融业的监管部门,泰国财政部是专门性金融机构主要监管部门,泰国商务部则分管租赁公司、当铺、保理公司、储蓄合作社。根据泰国立法的特点,除法典以外,每一部法律需要指定一个行政部门作为主管部门。[①] 根据《泰国银行法》的规定泰国央行是独立的国家机构,既不是国家预算法规范的国企也不是国家行政单位。由于金融机构在退出市场或者重大风险解除方面需要依靠泰国财政部的支持和指导,加上泰国央行成为独立部门以前曾隶属于泰国财政部,为此某部金融法律

① 在《支付体系法案》实施前,主要适用于电子支付服务监管的两部行政条例均根据《电子交易法案》颁布的法律,上位法的主管部门是工信部,那么行政条例的主管部门也当然是工信部,但条例同时指定了泰国央行是具体的监管主体。这种权力的分配,实际上与泰国整体金融监管结构不太协调。

如涉及泰国央行负责的事务则一般指定泰国财政部为该法的主管部门。2017年颁布的《支付体系法案》不仅指定泰国财政部为该法的主管部门,还赋予了其一定的监管职权,而泰国央行是最直接的监管主体,这标志着泰国电子支付监管权力配置与整体金融监管架构相协调。

《支付体系法》规定泰国财政部部长负责制定适用于受监管的支付系统以及受监管的支付服务的许可条件以及其他应当履行的义务,审批签发或撤销许可证,对获得许可证的支付服务商自愿退出市场提要求。[①] 此外,如果支付服务商对泰国央行的命令有异议,可以向泰国财政部部长申请行政复议,即财政部部长有行政复议裁定权。[②] 2017年支付体系法案赋予泰国央行筹建重要支付系统,制定适用于监管该系统的细则的权利和义务,并负责制定针对受监管的支付系统以及受监管的支付服务的登记注册条件、方式及具体的监管规范,并对其实施市场准入审批、经营监管(business conduct regulation)以及市场退出指导和管理。如果审查发现违规,央行有权命令整改或撤销登记注册。在经营监管方面,法案赋予泰国央行建立检查小组进行实地检查的权力,并可针对以下十二项内容制定规章制度加以监管,具体有:(1)管理财务状况和运营结果。(2)经营标准。(3)根据善治原则进行管理。(4)风险治理。(5)公开与服务有关的资料。(6)使用第三人的服务。(7)保管及披露用户信息。(8)检查与维护系统安全。(9)保障用户权益。(10)账户制作,向泰国央行提交能体现财务状况的预算以及运营情况。(11)针对受监管的支付服务的资金存管。(12)为了监管利益,支付系统的稳健和可持续地提供服务,用户权益保护,或促进支付系统和服务的发展的其他事项。[③] 从该法案的立法目的来看,泰国希望《支付体系法案》能够应对不断变化的支付服务风险,因此赋予了监管部门较高的自由权利。泰国法案只是对上述监管部门作了大致划分,如何行使权力由各部门通过出台具体方案约定。例如《支付体系法案》第23条规定:"受监管支付服务的服务商如果想要退出市场必须按照泰国央行颁布的条件、方式以及规则告知泰国央行。泰国央行根据前款规定收到退出市场的通知之后,为了保障用户的利益,有权根据前款的规定命令服务商采取某项措施实施。"该条款表明泰国央行有处理有关市场退出事务的权利,但没有明确约定权利的具体内容,目的是保障监管的灵活性,确保与时俱进。但为了防止权

---

① 2017年《支付体系法》第13条、第15条、第16条、第17条、第23条。

② 2017年《支付体系法》第36条。

③ 2017年《支付体系法》第24条。

力的滥用,《支付体系法案》第 36 条明文保障支付服务商的行政诉讼权利。如果服务商对泰国央行的命令持有异议,可以向泰国财政部部长申请行政复议。如果对泰国财政部部长的命令持有异议,则有权根据《行政事务处理规则法》进行行政诉讼。泰国央行的审查小组有权扣押冻结与违法行为有关的财产和信息资料,但涉及行政处罚的,法案规定只能由泰国财政部、泰国央行以及泰国总检察署办公室各选派一名代表组成委员会,由委员会行使行政处罚权利。[①]

(三)泰国电子支付监管主要法律措施

1.将泰国支付体系划分为三大部分

支付体系由重要支付系统、受监管支付系统以及受监管支付服务三大部分组成。

(1)重要支付系统应当具备两个特性:一是国民基础支付系统,如该系统发生意外或突然停止运转将对系统成员产生广泛影响,并且该系统承担着大额支付或会员之间的结算、清算。泰国重要支付系统主要包括泰国银行大额支付系统 BAHTNET(Bank of Thailand Automated High-value Transfer Network)以及 ICAS(Imaged Cheque Clearing and Archive System)。

(2)受监管的支付系统是指含有以下一种或多种特点的支付系统:①支持国家整体经济和金融运转;②与泰国银行大额支付系统 BAHTNE 连接并通过 BAHTNE 系统结算的国家基础设施;③拥有三个以上会员并可能对国家整体经济、金融、社会信任或支付系统的稳健产生影响。例如,银行间交易和管理系统 ITMX (Interbank Transaction Management and Exchange)。

(3)受监管支付服务则包括四大类。①ATM 卡、信用卡、借记卡的发行服务。②电子货币服务。法案总则将电子货币定义为:支付服务商为用户提供的记名或不记名的电子卡,为代替现金支付,用户提前将金额转给服务商用于下一步货款或服务费或其他费用的支付,并且提前汇转的金额或价值被记录下来。以支付宝为例,支付宝虚拟账户又称支付宝钱包属于可以记录用户提前转入的价值或金额的记名电子卡,通过该账户用户可以为卖家支付货款或其他费用。支付宝的虚拟账户支付则属于法案规范的电子货币服务。③通过电子方式代替卖家或者服务提供方或其他债权人收款的服务。通俗地讲就是代收业务,包括银行卡收单服务、公共事业缴费服务、扫码支付等。④电子

① 2017 年《支付体系法》第 37 条。

转账服务。根据是否使用银行账户转账分为两类,一类是资金转移服务(fund transfer),即从一个银行账户扣款转到另一个银行账户上的行为。另一类是只有一方使用银行账户或两方都没有银行账户的转账服务(money transfer)。该电子转账服务包含泰国国内转账服务和跨国转账服务。[①]

重要支付系统一般由央行建立或由泰国财政部指定,所以其服务商也是由泰国央行或泰国财政部决定。至于受监管的支付系统和支付服务的服务商主体可以是银行、非银行金融机构或非金融机构法人。法案的适用对象除了该法明文规定的支付系统和支付服务之外,只要是泰国财政部或泰国央行认为"必要"都可采取监管。衡量"必要"的标准则在于是否对金融稳定、社会公共利益、支付系统、国家整体经济产生影响。例如,法案的第 16 条对受监管的支付服务进行分类时,添加了一项兜底条款,即"可能对社会金融体系或公共利益产生影响的其他支付服务"。

2.关于支付服务商的市场准入

(1)根据支付业务类别分层级准入

法案设置了申请许可证、登记注册两个层级的支付服务商市场准入制度。除了重要支付系统由央行设立之外,受监管的支付系统和受监管的支付服务均需要根据业务的特点、规模、风险等考量因素获得许可证或登记注册后才能合法开展运营。许可证申请的条件、方式、规则由财政部规定,许可证的审批由财政部参考央行的意见审批。登记注册的条件、方式、规则则由央行规定。一般而言,绝大部分的支付服务需要申请许可证,只有两种情况需要登记注册。①具有以下任一性质且刚过去的六个财月的月平均营业额高于 5000 万泰铢的电子货币服务:A.为了给事先约定好的指定的某一类商品或服务付款,或为同一个连锁系统提供商品或服务价格支付。B.给同一个地方的或同一范围的商家支付货款或服务价格。例如 C.用于给支付服务商持股超过 50%的商店支付货款或服务费用。例如自营商城。如果上述六个财月的月平均营业额达不到 5000 万泰铢就可以豁免登记注册。②正在接受监管沙盒测试新技术的受监管支付系统和受监管支付服务,只能申请登记注册,成功通过测试之后才能申请许可证。

泰国支付服务商的市场准入是单项审批,在申请支付牌照或者登记注册时,申请者需要选填自身要开展的业务有哪几项。审批部门可以批准同意经

---

① 泰国财政部公告《监管下的支付服务规范》第 2.4 款,载《政府公报》2018 年 4 月 17 日第 135 卷第 86 部分。

营一项或多项,获得批准的服务内容将记载在泰国财政部签发的许可证上或在泰国央行官网按项公布。

(2)实缴注册资本的标准

为确保支付服务商有一定的财务能力维持支付服务的可持续经营,泰国央行规定注册资本必须实缴。实缴注册资本是服务商的初始资本。考虑到支付业务之间的风险差异较大,泰国央行设置了不同的最低注册资本标准,具体如表1所示。

表1 最低注册资金标准

服务类别	服务内容	最低注册资本(单位:泰铢)
受监管的支付系统	小额支付系统服务	5000万
	银行卡网络系统服务	5000万
	结算系统服务	2亿
受监管的支付服务	电子货币服务	1亿
	银行卡收单业务	5000万
	提供支付技术便利	1000万
	其他代收款业务	1000万
	电子转账服务	1000万

如果服务商提供多项支付服务,那么最低注册资本按最高要求实缴。例如既提供电子货币服务又提供银行卡收单服务和电子转账服务,那么服务商的最低注册资本是1亿泰铢,按照电子货币服务的最低注册资本要求缴纳。

(3)关于外资服务商的市场准入

泰国央行规定受监管的支付系统和受监管的支付服务的许可证申请主体必须是在泰国注册成立的法人,可以是私人有限责任公司、大众有限责任公司、金融机构、专门性金融机构或国有企业。外国注册的法人只能从事银行卡网络系统服务。在泰国注册成立的法人是指依据泰国法成立的法人。《支付体系法案》及规章并没有规定上述主体外国资本的占比不能超出多少。根据泰国《民商法典(公司法篇)》《设立大众有限公司法案》以及《外商经营企业法案》的规定,在泰国注册的有外资参与的法人主体有以下两种情形:1)外国自然人和法人持股不超过49%,这一类主体俗称泰国籍公司,不需要经过泰国商务部特别审批。但是公司的成立与注册依然有别于纯泰资企业,泰国商业

发展厅会对泰国股东进行资金审查以防成为傀儡公司。泰国财政部以及泰国央行在审批时也会侧重审查公司治理结构、考量信息安全等因素。2)外国自然人和法人持股50%以上,需要泰国商务部特别批准,除非所从事的行业获得《外商经营企业法案》豁免审批。支付服务不在豁免清单内,外资占比超过50%的法人需要向泰国商务部申请成立公司,公司成立之后还要履行相关的许可证申请或登记注册手续。在实践中,一些外国的支付机构会通过与泰国当地持有支付许可证的支付服务商合作,将自身的服务内容纳入当地服务商的经营范围,由当地支付服务商以自身名义拓展商家会员并提供支付服务。法案以及泰国央行的规章制度没有就该种"间接准入"情形作明确规定或禁止。此外,在实践当中如果所提供的服务是跨境支付服务,泰国监管部门会要求外资企业提供所在国的监管法律制度情况,以确保泰国商家的资金得到充分保护。

3.备付金的监管

《支付体系法案》总则将备付金定义为:支付服务商从用户那里收到的提前支付的钱,包括未结款项和预付款。第三章第19条规定支付服务商有从用户那里接收备付金的,需要遵守泰国央行颁布的规则将备付金逐项录入账目,并与自有资产分开保管,不能挪作他用。为了保护用户备付金不受支付服务商停业整顿或破产清算的影响,法案规定前述情况下,备付金视为用户的财产,但如果该备付金产生收益,收益则属于支付服务商。泰国央行规定支付服务商必须在商业银行或专门性金融机构设立专用账户存管备付金,存管账户应当与其他账户区分开来,备付金存管金额不得少于应付金额。如果支付服务商是泰国商业银行或者专门性金融机构,服务商可以在本家机构设立备付金存管账户,但必须严格区分备付金账户与其他账户,与其他资产分开管理。

4.财务状况审查

支付服务商需要有足够的资金保证服务的可持续开展。泰国央行为了支付服务商拥有稳定和充足的财务状况,以便能够在正常和紧急情况下持续运营,受监管的支付系统和受监管的支付服务商必须遵守以下五个规则:(1)实际缴纳的注册资本不低于泰国央行规定的最低金额。(2)财务状况和经营状况稳定,能表明业务和服务可以继续开展,并且不存在对用户造成损害的风险。(3)未经泰国央行允许,不得减资。(4)增加注册资本需要在完成增资手续后的15天内以书面形式或电子方式向泰国央行报告。(5)制定商业计划书其中包括投资计划,收入和年度预算,必须准备足够的预算确保在正常和紧急情况下业务能正常开展。据此,支付服务商需要注意收集经营情况以及投资

计划,并通过公司董事会通过以备泰国央行随时检查。[①]

5.遵守善治原则治理公司

善治原则(หลั กธรรมาภิ บาลที่ ดี)是泰国国家事务治理的重要原则之一。泰语"善治 ธรรมาภิบาล"由表示正确美好的"ธรรมะ"和表示治理保护的"อภิ บาล"组成,意思是治理事务要坚持以正确美好为原则。根据泰国2017年实施的《宪法》规定,善治原则由法治原则(Rule of Law)、德治原则(Ethics)、透明原则(Transparency)、参与原则(Participation)、负责任原则(Accountability)以及效用原则(Value for Money)六大原则组成。对推动泰国社会可持续发展意义重大。[②] 泰国央行要求支付服务商遵守善治原则治理公司主要指遵守以下四方面义务:(1)经营获得允许的业务。意思是支付服务商必须按照泰国央行批准的计划、政策、规则等经营业务。(2)董事和获授权人员有义务和责任监督业务运营,制定业务战略,包括研究战略计划和业务目标,监督业务运作,确定适当有效的内部控制和业务监督系统,报告不符合泰国央行及相关机构发布的法律、规则和命令的做法,监督账户和相关文件的保管。(3)为了内部控制、高效检测和处理风险,支付服务商必须要有组织结构、工作流程和思路、履行义务的人员和部门。(4)业务实际控制人如果要变更必须提前征得泰国央行的同意,外国法人同样需要在变更实际控制人之前提前报告泰国央行。[③]

6.用户保障措施

在用户权益保障方面,泰国央行强调向用户提供与支付服务有关的信息的重要性。支付服务商提供的信息应当满足用户充分考虑是否决定使用该服务的需求,所披露的信息必须真实。支付服务商还有妥善地收集和处理个人信息,并为用户提供合理申诉服务。《支付体系法案》没有具体的用户权益保障条款,但保护用户权益是监管的主要目的之一。

7.安全与风险管理

法案并没有对安全与风险管理作具体的要求,主要由泰国央行出台规章

① 泰国央行第4/2561号公告:"关于监管下的电子支付服务经营监管规则"第4.2.1条以及泰国央行第6/2561号公告:"关于监督下的电子支付服务经营监督规则第4.2.1条。

② อริย์ธัช แก้วเกาะสะบ้า, หลักธรรมาภิบาลในรัฐธรรมนูญแห่งราชอาณาจักรไทย พุทธศักราช 2560, https://library2.parliament.go.th/ebook/content-issue/2560/hi2560-051.pdf,最后访问日期:2019年3月5日。

③ 泰国央行第6/256号公告:"关于监督下的电子支付服务经营监督规则"第4.2.2条。

规范。泰国央行侧重这四方面的安全审查。一是风险管理策略的制定,包括书面制定潜在风险的特征和风险研判的规则。二是信息技术系统的风险管理,定期检测支付系统的安全性与稳定性,确保系统可持续运营。三是支付服务商让他人代为提供服务的情况,支付服务商依然对服务系统负有安全与风险管理的责任。四是支付服务商的服务内容和服务模式发生变更,服务商需要提前告知泰国央行或提前获得泰国央行的批准,尤其是服务方式发生重大改变或对服务系统的安全稳定产生重大影响的情况。

8.关于支付服务商的市场退出

法案没有明确规范支付服务商退出市场应当具体履行哪些义务。支付服务商退出市场的因素主要有自愿退出和强制退出两大类,法案要求自愿退出市场的支付服务商必须根据泰国央行颁布的条件、方式和规则的规定向泰国央行报告。泰国央行收到报告之后有权命令支付服务商为了保障用户的权益而采取某项措施。如果支付服务商是取得许可证的服务商,让泰国央行向泰国财政部提意见以供参考是否同意退出,据此,泰国财政部可以就同意退出市场制定需要履行的条件。[①] 关于强制退出的情况,一般是因违反法律法规而被撤销许可或登记注册,或经营不善濒临破产或倒闭。这种情况,法案注重的是备付金的处置问题,明文规定:支付服务商被命令停业或破产清算的情况,备付金是用户的资产不属于支付服务商的自有资产,不能被扣押、冻结,也不能用来偿还服务商破产案件中的债权人。[②]

9.诉讼权利与罚则

《支付体系法案》第 36 条规定:根据法案第 13 条(制定针对受监管支付系统的许可证或登记注册的条件)、第 15 条(受监管支付系统服务商自愿退出市场)、第 17 条(制定针对受监管支付服务的许可证或登记注册的条件)、第 23 条(受监管支付服务的服务商自愿退出市场)、第 31 条(许可证或登记注册的撤销)、第 32 条(许可证或登记注册的撤销)接受命令的人如果对命令不满,有权按照以下情况进行上诉:(1)下达命令的人是泰国央行,请向泰国财政部部长上诉;(2)泰国财政部部长下达的命令,请遵守《行政事务管理法》。简单地说,如果服务商对泰国央行或泰国财政部规定的市场准入条件、自愿退出市场需要履行的义务以及许可证或登记注册的撤销产生不满,则可以行使行政诉讼权利维权。

---

① 2017 年《支付体系法》第 23 条。

② 2017 年《支付体系法》第 20 条、第 21 条。

服务商违反法案及有关规章轻则受到行政处罚，重则需要承担刑事责任。根据《支付体系法案》第六章罚则的规定，重要支付系统服务商如果违反泰国央行规定的义务，需要承担不超过300万泰铢的罚款。受监管的支付系统和受监管的支付服务的服务商如果违反许可证申请与撤销、登记注册与撤销注册等规定需要承担不超过200万泰铢的行政处罚。如果服务商被实施行政处罚后拒缴罚金，则可适用《行政事务管理法》有关规定采取行政执行。如果没有负责人负责执行或者负责人没有能力执行的情况，泰国央行有权将服务商诉讼至行政法院，一旦行政法院审理后认为罚金处罚正确则判决强制扣押、查封并进行拍卖，将获得的拍卖款用于缴纳罚金。

法案规定了"未获得许可证开展支付服务"等十一种情况（表2）属于犯罪行为，刑法处罚的三种结果是：有期徒刑、罚金或有期徒刑与罚金并罚。它约束的对象包括服务商以及有权参与或接收到支付服务经营活动的人，如支付服务商的员工、管理人员或根据法律有权利义务接触到支付服务信息或情报的人。如果该违法行为的发生是因董事、经理或责任人的行为、命令或玩忽职守造成的，该董事、经理或责任人需要按照本法案承担刑事处罚。

表2　泰国《支付体系法案》规定的11种刑罚处罚

犯罪事由	刑法处罚
未获得许可证开展支付服务	2～10年有期徒刑或20万～100万泰铢罚金，或有期徒刑与罚金并罚。
未通过登记注册开展支付服务	5年以下有期徒刑或50万泰铢罚金，或有期徒刑与罚金并罚。
违反提前告知义务（恢复经营、被法院判决破产或进行破产清算）	10年以下有期徒刑或100万泰铢罚金，或有期徒刑与罚金并罚。
开展未获得许可或未通过登记注册的业务	1年以下有期徒刑或10万泰铢罚金，或有期徒刑与罚金并罚。
明知服务商将要或可能要被判决破产，依然贪污、挪用、藏匿、收受、出售、处置服务商的财产	受监管支付系统服务商2～10年有期徒刑或200万～1000万泰铢罚金，或有期徒刑与罚金并罚。 受监管支付系统服务商1～5年有期徒刑或100万～500万泰铢罚金，或有期徒刑与罚金并罚。

续表

犯罪事由	刑法处罚
妨碍或不配合审查	1年以下有期徒刑或10万泰铢罚金,或有期徒刑与罚金并罚。
向审查人员提供虚假信息可能造成用户受到损害	6个月以下有期徒刑或6万泰铢罚金,或有期徒刑与罚金并罚。
涂改、毁坏、损毁审查人员印章	3年以下有期徒刑或30万泰铢罚金,或有期徒刑与罚金并罚。
毁坏、损毁审查人员扣押、查封、存管,或下令提交用作证据的文件或财产	6个月—3年有期徒刑或6万～30万泰铢罚金,或有期徒刑与罚金并罚。
非法披露服务商经营活动信息	3年以下有期徒刑或30万泰铢罚金,或有期徒刑与罚金并罚。
非法公开服务商商业秘密	1年以下有期徒刑或10万泰铢罚金,或有期徒刑与罚金并罚。

二、泰国电子支付监管法律制度所体现的监管思路

(一)构建灵活的监管框架,确保监管主体权威

2017年颁布的《支付体系法案》是泰国支付领域的基础性法律,它确立了支付体系的监管框架,与其他相应配套的法律规章形成了灵活、完整的法律体系。一是将金融机构与非金融机构的支付服务结集成一个体系,适用同一套法律制度监管。二是设置的监管权力架构与其他金融服务的权力架构相协调。三是既约定了一些基本原则和规范,同时又确保了监管主体有足够权力进行具体事务管理和对个别情况实施差异化监管,以应对不断变化的风险挑战。具体而言,该法案仅针对构建支付体系、明确监管部门及权责、建立准入制度、备付金存管的基本原则、经营合规审查基本内容和原则、诉讼权利及罚则作出了统一的原则性规定,不管支付领域如何革新变化,这些规定都是服务商必须遵守的最基本的义务。但仅有原则性规定并不足以维护整体金融稳

定，促进行业发展，为此，在微观审慎监管方面法案赋予泰国央行在监管框架内行使自由决策的权力。例如，制定规章、审议备付金执行方案、审批市场退出方案、对个别服务商提专门要求。但涉及行政处罚的裁定或者影响宏观审慎的决断，泰国央行则只能提意见，最终决定必须由对应的委员会讨论作出。上述的立法思路既确保监管法律不僵化，以适应复杂多变的支付环境，同时监管部门的权力界限与权威得到保障。

(二)实施分类监管，注重公平竞争

为了让不同业务能够得到与其风险相匹配的监管，法案将支付体系分为三大板块，每一板块又根据业务内容划分为不同的类别，根据业务规模和特点设置不同的市场准入条件。支付服务商的市场准入设置了层级机制并且泰国央行还为不同的业务出台专门的规章。这种分类监管模式为泰国支付市场营造了一个公平竞争的环境，有助于吸引更多有创新能力的中小型企业加入支付行业，或者让一些需要以支付为基础但并非主营业务的商业模式不因牌照门槛太高而被弃。比如，餐饮收银系统如果没有留存商家备付金的情况，只是提供技术便利服务，最低法定注册资本金只要求 1000 万泰铢，是电子货币服务最低法定注册资本金的 1/10。

(三)罚则明确服务商发展的法律边界

法案约定了每一种违法行为的最高处罚，符合处罚明确性原则，即使民众能预见其何种作为或不作为构成义务之违反及所应受之处罚为何。这相当于为支付服务业的发展明确了法律边界，为支付服务商的大胆创新提供了“定心丸”。但是，对于成文法规则而言，不可避免的滞后性总是难免的，再加上电子支付服务正处在新问题、新情况不断出现的阶段，为了增进法律法规的完善，适应规制同类行为的前瞻性需要，泰国《支付体系法案》设置了一些兜底性质的条款。例如，“违反社会公共利益的其他服务”“根据泰国央行的规定”“如果财政部认为有必要制定相关规则也行”等。法案兜底条款的策略在一定程度上与政策调整的目标相一致，或者说是为了给政策调整预留“法律框架内”的路径。但是这对于被监管者而言，缺乏足够的可预期性，也会担忧监管主体在行使监管权力时是否过于“随意”。所以法案明确赋予了被监管者上诉的权利，以约束不确定情况下权力的正确使用。

(四)没有约定服务商的反洗钱和反恐怖融资义务

反洗钱和反恐怖融资是各国电子支付监管的重点,但《支付体系法案》并没有对机构反洗钱和反恐怖融资制定义务。这是因为预防和打击洗钱和恐怖融资的权责不归属于泰国央行或泰国财政部。泰国有一套完整的反洗钱与反恐怖融资的法律制度。泰国反洗钱委员会是反洗钱工作的主管部门,它隶属于泰国总理,直接向泰国总理汇报工作。泰国反洗钱委员会依据《反洗钱法案》赋予的权力,负责监测、收集和研判金融情报,预防和打击金融机构、非金融机构以及个人的反洗钱及反恐怖融资等行为,有权扣押、查封、冻结赃款赃物以及根据法院判决退赃或补偿受害者。

三、泰国电子支付监管法律制度对我国的启示

(一)坚持依法监管原则更能保障电子支付行业的可持续发展

依法监管原则是指支付监管主体应依照法定职权和程序实施监管,监管主体制定的规章政策与其他法律法规应当相协调和统一。法律需要赋予监管主体足够的灵活的权力以应对新问题新挑战;保障被监管者申诉的权利,让被监管者监督监管主体是否滥用权力;维护合法权益者请求司法或行政救济的权利;此外法律还应当有明确的罚则。这样才能保证监管的权威性、有效性,让市场对监管有明确预期,让参与各方对各项规则和法律有敬畏之心,电子支付行业才有可能有序发展。

(二)分类监管保障支付市场的公平竞争

多样化是电子支付的主要特点之一。不同的服务内容潜在的风险千差万别。例如,开放式的支付服务一旦发生风险,极大可能跨系统蔓延传播,危害力较大。但封闭式的支付服务,它的风险一般来说是可以在独立系统里面得到解决的。此外,是否涉及备付金存管,是否提供跨境支付等都会影响支付服务的风险程度。从公平原则的角度思考,不同的风险应当受到不同程度的监管。以支付服务分类为基础,设置了许可与注册双层级的准入制度,并以规章形式为每一种服务单列准入条件、方式与规则。支付服务商如果要退出市场,需要先进行风险评估,根据可能诱发的风险情况制定专门的退出方案。与风险匹配的差异化监管,有助于为更多主体提供参与竞争的机会,激发社会创造力。

(三)重视支付服务商的财务状况审查

支付服务商财务状况间接影响用户的资金安全。如果支付服务商的财务状况良好,保持一定的营利,那么即便有挪用备付金的现象出现,只要能在规定时间内填补挪用的资金,用户就不会受到损失。一般而言,经营状况良好的服务商挪用备付金的概率相对较小。如果服务商的经营状况较差,随时面临倒闭的风险,那么服务商铤而走险挪用备付金的概率就会增加。一旦备付金被财务状况较差的企业挪用,会有很大概率造成资金断裂,最终使用户受到损失。我国第三方支付挪用备付金案例频发,加强财务审查严防资金挪用是保障资金安全,提升人们对金融监管信心的重要举措。

(四)完善我国电子支付监管法律制度,为支付企业"走出去"建立制度自信

"一带一路"倡议助推下,我国一些支付企业走出去投资支付市场,开展跨境小额支付业务,帮助一些发展中国家完善电子支付设施,并取得阶段性成功。跨境小额电子支付的快速发展对拉动跨境消费具有积极意义。但同时,它可能成为跨境犯罪新的资金通道,如在线赌博、网络诈骗、伪造交易洗钱等。如果付款者所在的国家没有完善的法律制度确保资金和信息的安全,就会影响另一国的商家使用该服务的信心,也难以说服监管部门允许支付机构准入市场。譬如我国蚂蚁金服、财付通、京东金融等公司均通过与泰国当地商业银行和第三方支付公司合作的方式成功开展以中国游客为服务对象的跨境支付业务。支付机构成功在泰开展业务有三个主要因素:一是市场驱动。二是近年来我国对电子支付服务监管趋严,确保泰国商家的资金得到有效监管,为泰国监管部门树立信心。三是中泰两国金融监管合作越来越紧密。我国人民银行不仅与泰国央行保持着良好的联络,还与泰国反洗钱委员会建立了反洗钱合作关系。因此,保障我国支付企业在海外的可持续发展,我国应尽快完善国内及国际层面的电子支付监管法律制度。

泰国国际投资争端解决机制研究:现状与改革路径

阳兴龙[*]　陈禹锦[**]

摘　要:在泰国逐步加强与世界互联互通的过程中,外国投资者与泰国的投资互动逐渐频繁,投资争议数量也相应增加。为了平衡投资者的私人利益与泰国的公共利益,有效解决投资争议,泰国在投资仲裁方面实施了一系列改革措施,但相关机制仍有完善和提升的空间。结合泰国国内和国际投资仲裁机制的发展趋势,本文提出泰国可以考虑解除对投资合同中纳入仲裁条款的限制、加入欧盟推进的国际投资法院体系、更新当前双边投资协定范本以及适时加入《华盛顿公约》。

关键词:外国投资者;东道国;争端解决机制;泰国投资法;泰国

泰国地处中南半岛中心,作为丝绸之路经济带和海上丝绸之路的必经之地,已成为中国共建“一带一路”的重要伙伴。2016 年,“澜湄合作”组织成立,落实了泰国提出的“澜沧江—湄公河次区域可持续发展倡议”并与中国“一带一路”的理念叠加,全面提速了中泰双边经贸合作的广度和深度。① 2017 年,泰国政府提出“泰国 4.0”经济战略,其中创新驱动为主线的经济发展战略同“一带一路”发展理念和目标高度契合,中泰政府一致同意在未来五年内实现发展战略和政策理念上的全面对接。②

在中泰双方持续加强双边经贸关系的过程中,双边贸易总量自 2015 年开始持续攀升,中国成为泰国的第一大贸易伙伴。根据中国海关总署的数据,

---

* 阳兴龙,西南政法大学中国—东盟研究中心研究员、法学博士。

** 陈禹锦,西南政法大学经济法学院 2017 级本科生。

① 郑国富:《“澜湄合作”背景下中泰双边经贸合作发展的问题及对策》,载《对外经贸实务》2018 年第 10 期。

② 刘馨薇:《泰国 4.0 时代,中泰合作加速拓展》,载《中国对外贸易》2019 年第 3 期。

2017 年至 2019 年，中国稳居泰国进口榜首，占比维持在 20%左右。然而，在投资总量增扩的过程中，中国投资者与泰国政府之间的投资争端也逐渐凸显。

目前国际社会中的投资争端解决机制主要有协商、调解、投资仲裁、东道国行政或司法救济。其中，投资仲裁是使用率最高的争端解决方式之一。本文将从泰国国内投资仲裁机制和国际投资仲裁机制两个角度，梳理泰国国际投资仲裁制度，分析其中存在的问题，并提出解决思路，为中泰双方投资战略合作关系的稳定发展提供机制保障。

一、泰国国际投资争议的国内仲裁机制

（一）泰国仲裁法

泰国的第一部仲裁法颁布于 1987 年。2002 年，泰国对仲裁法进行了修订并发布实施了现行有效的《泰历 2545 年仲裁法》（以下简称《仲裁法》）①。《仲裁法》旨在提升泰国国内仲裁的现代化水平，鼓励通过仲裁解决国内和国际争端。尽管《仲裁法》的制定参考借鉴了《国际商事仲裁示范法（1985 年）》（UNCITRAL Model Law on International Commercial Arbitration，以下简称《示范法》），但是《仲裁法》在仲裁程序的独立性上较之《示范法》仍有不足②。例如，《仲裁法》第 16 章规定：法院有权通过临时措施介入仲裁程序，这一规定可能使得外国投资者在仲裁中陷入劣势地位③。在一起泰国交通管理局与 Kumagai Gumi 财团的投资争议中，泰国法院就基于《仲裁法》第 16 章的规定签发了开放高速公路的强制令。这项命令在很大程度上削弱了 Kumagai Gumi 财团与泰国交通管理局在高速公路通行费方面的议价能力④。

在对仲裁法进行修订的同时，泰国为了进一步强化泰国国内仲裁制度，还在其他方面进行了努力和尝试。例如，泰国政府颁布了《首相办公厅关于遵守

---

① Limparangsri Sorawit, Samuel Seow and Paul Tan, Arbitration in Thailand 2015: The Thai Arbitration Institute, *International Arbitration Asia*, 2015.

② Alastair Henderson, Commercial Arbitration in Thailand, *Asian International Arbitration Journal*, 2009, Vol.5, pp.50-51.

③ Alistair Henderson and Surapol Srangsomwong, *Thailand's in Michael Moser and John Choong*, Oxford University Press, 2013, pp.613-618.

④ Michael Richardson, Embattled Thai Commuters Win Bound, *The New York Times*, 1993.

仲裁裁决的规定》(Regulations of the Office of the Prime Minister on Compliance of Arbitration Awards 2001),确立了一裁终局的原则。该项规定要求泰国政府机构必须遵循仲裁裁决,除非仲裁不符合管辖规定、仲裁程序违法、超出仲裁协议范围或损害公共利益。但是在实践中,泰国政府官员因对一裁终局原则不满,通常会以各种理由向法院申请撤销对其不利的仲裁裁决。

(二)泰国仲裁机构

泰国有两大常设仲裁机构:泰国仲裁协会(Thai Arbitration Institute,以下简称 TAI)和泰国仲裁中心(Thai Arbitration Center,以下简称 THAC)。TAI 于 1990 年由泰国司法部(Ministry of Justice)设立。2000 年,TAI 变更隶属于泰国司法办公室(Office of the Judiciary)下设的替代争议解决机制办公室(ADR Office)。这一改革被认为极大地增强了 TAI 的独立性,避免仲裁程序受到泰国政府的干预,因为根据泰国 1997 年宪法,泰国司法办公室是一个独立机构①。2003 年,为进一步指导仲裁员的工作,TAI 还根据《示范法》制定了新的仲裁规则。

泰国的另一常设仲裁机构为 THAC。早在 20 世纪 90 年代,泰国司法部就提出设立法案,但该法案于 2007 年才被泰国国会正式通过,并且直到 2016 年,THAC 才正式开始筹备建设②。在 THAC 设立之初,其侧重于培训仲裁员适用 TAI 制定的仲裁规则,然而该仲裁规则的实践结果并不理想。自 2007 年以来,TAI 在适用该仲裁规则的情况下,积压的未决案件高达 300 余件,其中有相当一部分案件涉及泰国政府并且备受公众关注③。为了给当事人提供更快速、有效的争议解决机制,THAC 正在尝试制定新的仲裁规则。总而言之,THAC 的设立是泰国发展国内仲裁的重要改革。在目前建设东盟经济共同体的背景下,THAC 更是致力于成为“东盟仲裁中心”。

(三)泰国国内仲裁实践

尽管泰国在 2002 年颁布了新《仲裁法》并在国内成立了两个常设仲裁机

---

① Tawatchi Suwanpanich et al, The Final Research Report on Access to Foreign Arbitration by ASEAN Members [in Thai], 2014, p.62.

② Maimilian Clasmeier, The Kingdom of Thailand and International Arbitration—Ending the Journey on a Highway, *Kluwer Arbitration Blog*, 2015.

③ Limparangsri Sorawit, Samuel Seow and Paul Tan, Arbitration in Thailand 2015: The Thai Arbitration Institute, *International Arbitration Asia*, 2015.

构，但实践证明，泰国国内仲裁程序对于外国投资者并不友好。这主要是因为针对不利的仲裁裁决，泰国政府官员通常根据《仲裁法》的规定向法院提出异议并请求撤销。例如，在2003年，曼谷民事法庭(the Bangkok Civil Court)欲强制执行一项要求泰国交通管理局(the Rapid Transit Authority)赔偿62亿泰铢(1.76亿美元)的仲裁裁决[①]。然而，泰国最高法院(the Supreme Court)于2006年推翻了曼谷民事法庭的执行令，理由是仲裁协议违背泰国公共政策。但对于泰国公共政策的构成要素，最高院在其判决中并未详细论述[②]。

在著名的霍普韦尔(Hopewell)案中，TAI认为泰国交通铁路部(Ministry of Transportation and State Railway of Thailand)不当终止与霍普韦尔的特许合同，因此裁决泰国交通铁路部赔偿3.53亿美金[③]。然而，泰国行政法院(the Administrative Court)以"霍普韦尔提起仲裁时超过时效限制"为由，撤销了TAI的仲裁裁决。尽管霍普韦尔是在合同终止6年后才申请仲裁(双方签订的特许合同终止于1998年1月30日，霍普韦尔在2004年12月24日申请仲裁)，但当时泰国法律并没有关于外国投资者与政府之间争议时效问题的规定，所以TAI适用了10年的最长时效期间。泰国行政法院则认为应当适用《设立行政法院和行政法院程序法》(the Establishment of Administrative Courts and Administrative Court Procedure)中"某些与国家签订的合同适用5年时效期间"的规定，由此判决霍普韦尔的仲裁请求超过时效。但值得注意的是，《设立行政法院和行政法院程序法》直到1999年才颁布。也就是说，泰国行政法院的判决实际上是赋予了《设立行政法院和行政法院程序法》对霍普韦尔案的溯及力。

直到近几年，泰国国内投资仲裁裁决的承认和执行才逐渐被强化。以备受争议的科隆案(Klong Dan case)为例，申请人泰国污染控制部(the Pollution Control Department)指出NVPSKG建设公司是通过贿赂泰国国内

---

① Duensing Kippen, Investor-State Agreements in Thailand-encouraging investment by protecting foreign investors, *Thailand Contract Dispute Blog*, 2014, <http://duensingkippen.com/thailandcontractdisputeblog/? m=201406> accessed 1 January 2020.

② Bangna Expressway Plc v Expressway and Rapid Transit Authority of Thailand Case No 7277/2549, 2007.

③ Vanina Sucharitkul, Thai Administrative Court Overturns Arbitration Award against the Government, *Kluwer Arbitration Blog*, 2014, <http://kluwerarbitrationblog.com/2014/10/09/thaiadministrative-court-overturns-an-arbitration-award-against-the-government/> accessed 1 January 2020.

数名政府官员而中标,进而获得设计和建设 Klong Dan 相关设施的授权,据此向 TAI 提起仲裁并主张 NVPSKG 建设公司合同欺诈。被申请人 NVPSKG 建设公司以其完成了合同项下部分建设工作要求泰国污染控制部支付相应合同对价和因项目被撤销的赔偿金。TAI 最后裁决泰国污染控制部(the Pollution Control Department)向 NVPSKG 建设公司支付 90 亿泰铢(2500 万美元)。污染控制部门不服仲裁裁决,上诉至泰国最高行政法院(the Supreme Administrative Court)。2014 年,泰国最高行政法院判决承认了 TAI 的裁决,并责令相关政府部门在法院判决后 90 天内支付全部赔偿金①。

鉴于上述以及其他诸多对泰国政府不利的仲裁裁决,泰国内阁于 2004 年发布了一项决议,该决议规定除非内阁事先批准在行政合同、投资合同中纳入仲裁条款,合同双方只能通过法院诉讼程序解决投资争议②。另外,决议明确,即使内阁已批准提交仲裁,仲裁语言也必须为泰语且管辖法律必须为泰国国内法。随后,在沃尔特鲍案[在下文"(三)泰国基于双边投资协定的仲裁"中详细讨论]的仲裁裁决作出不久后,泰国内阁又于 2009 年进一步扩大了上述限制性规定的适用范围:只要是涉及泰国政府的合同(包括行政合同、投资合同以及其他合同),除非内阁事先批准,不允许纳入仲裁条款。内阁认为,在国内政府或政府机关与外国私人投资者的仲裁中,尤其是涉及大型基建项目的,泰国政府大多数情况下会败诉或被裁定负有赔偿责任,这给国家财政造成了沉重负担③。但其实泰国内阁的上述决议与《仲裁法》第 15 条存在实质上的冲突,因为《仲裁法》第 15 条规定:"在政府机构和私人当事人之间的合同中,无论是否是行政合同,当事人都可以同意通过仲裁解决纠纷。"直到 2015 年,泰国才开始放宽对合同中纳入仲裁条款的限制。内阁规定合同中是否纳入仲裁条款原则上依据当事人的意思自治,但是对于下列合同仍须获得批准才能纳入仲裁条款:外国投资者与泰国政府签订的特许权合同、公私合营合同以及其他需要内阁批准的合同(包括任何超过 10 亿泰铢或价值约 2800 万美元的大规模投资)。尽管 2015 年政策放宽,但是泰国内阁于 2004 年和 2009 年作

---

① Somkiart Tangkijwanich et al, The Corruption Menu [in Thai], *Thailand Development Research Institute*, 2014, pp.98-103.

② Anan Chantara-apakorn, Investment Arbitration: Remarks for Thailand, *TAI Journal of Arbitration*, 2015, p.1.

③ Vanina Sucharitkul, From Walter Bau to Hopewell: Pathways to Bangkok Don Muang Airport, 2015, p.313.

出的两项决议给外国投资者留下了“泰国政府不支持将仲裁作为投资争端解决的选项纳入投资合同中”的印象，因此无可避免地对外国投资者的投资热情造成了负面影响[①]。

二、泰国国际投资争议的国际仲裁机制

（一）泰国签订的双边投资协定

双边投资协定（Bilateral Investment Treaty，以下简称 BIT）是由两个主权国家签订，关于外商投资规范方面的协议，主要目的是降低缔约一方投资者在另一缔约方境内直接投资所面临的非商业风险，为投资者提供稳定且可预见的保护。BIT 可约定使用“投资者—国家争端解决”程序（Investor-state Dispute Settlement，以下简称 ISDS），即如果投资者认为缔约国违反其投资管理义务或投资待遇，可将东道国诉至有管辖权的仲裁庭寻求救济。为鼓励外商投资，泰国曾经积极与各国谈判并签订 BIT。根据联合国贸易和发展会议（United Nations Conference on Trade and Development）的统计，截至 2020 年 1 月，泰国共签署了 42 个 BIT，其中有 35 个协定仍处于生效状态[②]。泰国的第一份 BIT 于 1962 年与德国签订[③]。20 世纪末和 21 世纪初是泰国签署 BIT 的高峰期，这一时期 BIT 的数量急剧增加。然而，与许多其他亚太国家一样，泰国在过去十年中缔结的 BIT 较少，在 2005—2008 年间只签署了 5 个 BIT。相比于继续签订 BIT，泰国明显更青睐于签订含投资章节的自由贸易协定（Free Trade Agreement）。自 2004 年以来，泰国已与 5 个亚太地区国家

---

① Gavin Margeston and Vanina Sucharitkul, Thai Government Lifts Total Ban on Arbitration Clauses in State Contracts, *Herbert Smith Freehills: Arbitration Notes*, 2015.

② UNCTAD, International Investment Agreements Navigator: Thailand BITs, Investment Policy Hub, <https://investmentpolicy.unctad.org/international-investment-agreements/countries/207/thailand> accessed 1 January 2020.

③ UNCTAD, International Investment Agreements Navigator: Thailand BITs, Investment Policy Hub, <https://investmentpolicy.unctad.org/international-investment-agreements/countries/207/thailand> accessed 1 January 2020.

签署自由贸易协定。目前,泰国正在与加拿大和欧盟谈判自由贸易协定[①]。此外,东盟也先后与日本(2008 年)、澳大利亚(2009 年)、新西兰(2009 年)、韩国(2009 年)、中国(2010 年)、印度(2014 年)签署了自由贸易协定。东盟签订的自由贸易协定和其他各类投资协定通常为成员国保留了重要的“监管自由”。例如,条约规定对于“投资”的定义根据成员国的国内法确定,关于各类基础标准也由成员国的国内法确定。

至于 BIT 中的 ISDS 机制,泰国对此一直持谨慎保守的态度。在 20 世纪 90 年代以前,泰国签署的 BIT 中几乎没有条文涉及 ISDS 机制。尽管 1987 年签订的《东盟促进和保护投资协定》(ASEAN Agreement for the Promotion and Protection of Investments)包含了 ISDS 条款,但其适用范围相当狭窄[②]。从 1989 年与韩国签署 BIT 到 2000 年与埃及签署 BIT 期间,泰国在少数情况下同意将 ISDS 纳入条约文本中,前提是缔约双方都是《解决国家与他国国民间投资争端公约》(Convention on the Settlement of Investment Disputes Between States and Nationals of Other States,以下简称《华盛顿公约》)的成员国。然而泰国至今未批准加入《华盛顿公约》,因此实质上排除了 ISDS 程序的适用。从 1993 年起,泰国才在与罗马尼亚等五个国家签署的 BIT 中同意适用 ISDS 机制[③]。

泰国曾在 1985 年签署了《华盛顿公约》,这也是基于那段时期外国投资数量的增长以及国内经济的加速发展。但是由于《华盛顿公约》强调仲裁裁决的强制性和终局性,为了避免增加泰国政府的潜在责任,泰国并未正式批准加入《华盛顿公约》。具体而言,《华盛顿公约》规定,缔约国的投资争议均可提交至“国际投资争端解决中心”(The International Center for Settlement of Investment Disputes,以下简称 ICSID),且缔约国应将 ICSID 作出的裁决视为本国法院的终局判决,每一缔约国都应予承认和执行。

---

① UNCTAD, International Investment Agreements Navigator: Thailand BITs, Investment Policy Hub, <https://investmentpolicy.unctad.org/international-investment-agreements/countries/207/thailand> accessed 1 January 2020.

② Iain Maxwell and Kay-Jannes Wegner, the New ASEAN Comprehensive Investment Agreement, *Asian International Arbitration Journal*, 2009, p.167.

③ Luke Nottage, Do Many of Australis's Bilateral Treaties Really Not Provide Full Advance Consent to Investor-State Arbitration? Analysis of Plant Mining v Indonesia and Regional Implications, *Transnational Dispute Management*, 2015.

(二)泰国制定的双边投资协定范本

1997年亚洲金融危机后，为刺激泰国国内经济增长，吸引稳定的外国投资，在泰国外交部(the Foreign Ministry of Thailand)牵头下，外交部与主要政府部门磋商一致后于2002年制定了泰国《双边投资协定范本(2002)》[以下简称《协定范本(2002)》][①]。虽然这一协定范本主要是以先前泰国签订过的BIT为模版制定，但其总体倾向于为外国投资者提供保护。例如，《协定范本(2002)》第11条第2款规定：(1)如果两国均为《华盛顿公约》的缔约国，可以适用ISDS程序；(2)或者，当事人在临时仲裁中可以无条件适用ISDS程序。另外，《协定范本(2002)》对“投资”和“投资者”有较广泛的定义，因此更多外国投资者可以据此寻求救济。该协定范本还额外规定了武装冲突或国家紧急情况中的特别赔偿、保护伞条款、公平公正条款等以保护外国投资者权益为中心的条款。

2002年，泰国与德国根据《协定范本(2002)》修改了双方最初于1962年签订的BIT。2005年，一位德国投资者——沃尔特鲍，基于新签订的BIT向泰国政府提出投资索赔，在经过仲裁庭的审理后，仲裁庭作出了有利于投资者的裁决。这一结果直接推动了泰国政府对已签署BIT的风险内部审查。2013年，泰国政府颁布新的双边投资协定范本，即《双边投资协定范本(2013)》[以下简称《协定范本(2013)》]。在保留《协定范本(2002)》中有利于投资者的条款的同时，新的协定范本也加入了一些更有利于东道国的条款。例如，列明例外情况来限制外国投资者的实体权利，要求双方在诉诸仲裁前经过一个更长时间的协商过程，仲裁庭的裁决要严格遵循泰国国内投资委员会(Inter-state Joint Committee on Investment)对BIT的解释。

(三)泰国的国际仲裁实践

自1993年以来，泰国签署的大部分BIT和自由贸易协定以及东盟签署的自由贸易协定中都约定了ISDS机制来解决投资争端。因此，外国投资者理论上是可通过条约中的ISDS机制向泰国政府提起仲裁申请。但截至2017年，泰国基于条约提起的国际投资争议仲裁只有两例。沃尔特鲍案作为其中

① Kriansak Kittichaisaree, Thailand's Country Report: Research Project on International Maritime Crimes, *Centre for International Law, National University of Singapore*, pp.2-3.

一例引起了学界及公众的极大关注。沃尔特鲍与泰国政府的纠纷产生于20世纪90年代初,持续时间长达25年之久,案件背景错综复杂。2005年,沃尔特鲍公司基于2002年签订的《德泰双边投资协定》提起了仲裁。该案由伦敦国际仲裁院(London Courtof International Arbitration)管辖,适用《联合国国际贸易法委员会仲裁规则》(UNCITRAL Rules)。申请人沃尔特鲍公司主张泰国政府的下列行为违反了《德泰双边投资协定》中的公平待遇条款并要求赔偿:(1)拒绝提高高速公路道路通行费;(2)2004年削减通行费;(3)2006年9月至2007年3月全面关闭唐穆昂(Don Muang)机场。尽管泰国方面在该案中的辩护相当有力,但仲裁庭于2009年裁决泰国政府应承担32亿欧元的赔偿责任。泰国政府拒绝承认与执行该裁决,并且向不同法院提出仲裁庭管辖的异议(包括泰国法院、美国法院、瑞士法院),试图撤销该仲裁裁决。泰国政府在沃尔特鲍案中坚持运用其在霍普韦尔案中的诉讼策略,即展开旷日持久的诉讼或仲裁。另外,泰国政府在沃尔特鲍案中的失利也使其意识到,此前签订BIT时高估了其中的经济利益而忽视了潜在风险①。为此,正如上文所述,泰国于2013年修订了双边投资协定范本,使其更有利于东道国政府。

三、泰国国际投资仲裁机制改革路径

(一)泰国投资仲裁国内机制

1.解除投资合同中仲裁条款的限制

自1980年以来,泰国成功地促进了外国投资资金的流入,并且推动了强劲的出口导向型经济增长②。这些经济上的发展离不开泰国在20世纪90年代和21世纪初签订的大量BIT③。为了进一步鼓励和支持外国对内投资,泰国国内已在呼吁泰国政府进一步放宽对投资合同中仲裁条款的限制④。如前

① Lauge Poulsen, *Bounded Rationality and Economic Diplomacy: The Politics of Investment Treaties in Developing Countries*, Cambridge University Press, 2015.

② Chris Baker and Pasuk Phongpaichit, *A History of Thailand*, Cambridge University Press, 2014, Vol. 3, pp.282-284.

③ Cf Eric Neumayer and Peter Nunnenkamp, Democracies Conclude More and Stricter International Agreements—But Why, *Columbia FDI Perspectives*, 2016, p.166.

④ Anan Chaantara-opakorn, *ADR: Negotiation, Mediation/Conciliation and Arbitration* [*in Thai*], Thammasat University Press, 2015, p.87.

所述,泰国政府此前对仲裁条款的限制,给外国投资者的信心造成了负面影响。因此,泰国需要考虑适时放宽对仲裁条款的限制,以找回投资者的信心和热情。从泰国近几年的做法来看,泰国政府的确有逐步放宽该限制的趋势和意向。2015 年,泰国已部分放宽政府与外国投资者投资合同中同意仲裁条款的限制,即从所有投资合同纳入仲裁条款均需要内阁批准到只有三类特定的合同需内阁批准。进一步解除对仲裁条款的限制,可为外国投资者在泰国投资创造更好的环境,保障泰国在东盟成员国中关于外国直接投资的优势地位。

2.考虑加入欧盟推进的国际投资法院体系

目前,国际社会对于投资仲裁机制的批判颇多,包括仲裁程序缺乏透明度,仲裁庭组成机制无法保证仲裁员的公正性和独立性,仲裁裁决缺乏一致性,有损东道国为公共福利进行管理的权利等。因此国际社会目前正在改革更新国际仲裁机制的道路上不断尝试。其中,以欧盟为代表的发达经济体已经不再停留于改善现有投资仲裁机制,而是标新立异地推出了国际投资法院体系。投资法院致力于淡化投资仲裁的私法特征,增强公法属性。一方面,投资法庭的裁判者由缔约国决定,涉案当事人无权选择。与投资仲裁程序中由双方当事人自由指定仲裁员不同,欧盟投资法院模式下裁判者来源的国家属性增强了,民间属性被显著弱化。另一方面,投资法院在《华盛顿公约》基础上增加了上诉程序,上诉法院可审理初审存在的法律适用或解释错误,以及事实认定的严重错误等①。目前《华盛顿公约》提供的审查撤销机制主要集中于程序性事项,因此条约解释方面的问题以及仲裁裁决在投资协定核心条款认定方面的不一致性,并不能通过撤销制度得到补救,因为这些问题所涉及的都是实体性的问题。欧盟投资法院的上诉制度有效弥补了这一缺陷,其不仅可以进一步保障个案的公正性,还有利于实现同案或类案裁决的一致性。必须指出的是,欧盟投资法院制度在设计上可能会在一定程度上遏制外国投资者的投资积极性。尽管欧盟新设投资法院的倡议对于泰国而言,不失为一个控制和管理投资争议风险的选择,但仍需结合国内政治经济发展现状及前景审慎考虑。

---

① 黄世席:《欧盟国际投资仲裁法庭制度的缘起与因应》,载《法商研究》2016 年第 4 期。

(二)泰国投资仲裁国际机制

1.改革当前双边投资协定范本

目前,泰国正在讨论一个新的双边投资协定范本。笔者结合泰国及国际投资仲裁的发展现状和当前国际投资仲裁的发展趋势,提出以下两方面的建议:强化透明度义务以及提高“法庭之友”参与力度,强化选择性争端解决方法。

(1)强化投资仲裁程序透明度以及提高“法庭之友”参与力度

在国际商事仲裁的基础上建立起来的国际投资仲裁保留了许多商事仲裁的特点,如保密性。但是在投资仲裁的情形下,透明度和公众参与是一个更加值得关注的问题。一方面,投资仲裁的当事人不仅包含私人投资者,还涉及东道国,因此投资争议事项通常涉及东道国的国家安全或公共利益问题;另一方面,仲裁裁决的影响力会及于东道国家的政府和社会其他人群[①]。因此,为了保障公众的知情权,提升公众对投资仲裁的信任,投资争端解决程序需要进一步透明化。

关于投资仲裁程序中透明度的问题现在已经逐步受到国际社会的认同。最初是1992年的《北美自由贸易协定》(North American Free Trade Agreement)规定了投资仲裁案件中的东道国和投资者有公开仲裁裁决的权利[②]。其后,ICSID于2006年修改了其仲裁规则,进一步强化了仲裁程序的透明度。新的规则不仅要求公开发布裁决摘要内容,而且规定除一方当事人表示反对,仲裁庭可以公开仲裁程序的审理。2008年,国际贸易法委员会(UNCITRAL)第41次会议承认了国际投资仲裁透明度的重要性并于2013年通过了《UNCITRAL国际投资仲裁透明度规则》(UNCITRAL Rules on Transparency in Treaty-based Investor-state Arbitration,以下简称《透明度规则》)[③]。《透明度规则》确立了投资条约为基础的投资仲裁程序透明的基本

① 余劲松:《国际投资条约仲裁中投资者与东道国权益保护平衡问题研究》,载《中国法学》2011年第2期。

② 陶立峰:《投资者与国家争端解决机制的变革发展及中国的选择》,载《当代法学》2019年第6期。

③ Julia Salasky, Corinne Montineri, UN Commission on International Trade Law and Multilateral Rule-making Consensus, Sovereignty and the Role of International Organizations in the Preparation of the UNCITRAL Rules on Transparency, *TDM*, 2014, Vol. 11, No.1.

原则，并规定了从仲裁开始至裁决发布等整个仲裁过程的透明义务[①]。泰国可以考虑在新的双边投资协定范本中强化投资仲裁程序的透明度，以更好保护本国和投资者双方的利益，构建仲裁裁决合理且统一的法律体制。

“法庭之友”的参与是衡量仲裁透明度的一个重要方面，因此在双边投资协定范本中提高“法庭之友”的参与度可以进一步确保仲裁程序的透明度。“法庭之友”的概念源于英美法系，是指在司法程序中向法庭提交有关案件事实或法律信息，帮助法庭作出正确裁决的非争端当事人的个人或组织。纳入“法庭之友”的推动力是国际投资仲裁的公益性。非政府组织的发展和全球治理的兴起也为其提供了现实基础——国际投资仲裁由于日益显现的对公共政策如环境、人权领域的影响，使这些非政府组织迫切希望参与其中[②]。目前，国际投资条约方面承认了“法庭之友”的国家主要是美国和加拿大。《美国双边投资协定范本(2004 年)》第 28(3)条规定：“仲裁庭应有权接受并审议作为非争端当事方个人或实体提交的法庭之友陈述。”美国自 2002 年以来订立的各项投资协定都反映了美国双边投资条约范本关于“法庭之友”的规定。加拿大 2004 年《外国投资促进与保护条约范本》第 39 条也接受了第三方参与仲裁的可能。因此，建议泰国在新的双边投资协定范本中强化“法庭之友”制度以进一步提高整个国际投资仲裁程序的透明度，并且更好地从国际或全球视角寻求问题的解决方法。

(2)强化选择性争端解决方法

泰国在考虑为外国投资者提供政策性优惠的同时，也不得不平衡本国政府在投资争议的案件中可能面临的高额赔偿风险。泰国政府就如何预防和管理国际投资争议已经制定了一些政府内部规章制度。例如，泰国总理在 2014 年 1 月 4 日根据《政府组织法》(the Law on the Organisation of Government)发布一项正式决定，要求泰国司法部在涉及国家机构的国际仲裁或者在外国法庭解决国际投资争端时做好协调工作，包括聘用律师、技术专家、邀请证人等[③]。

---

① 朱明新：《联合国国际贸易法委员会“投资仲裁透明度规则”评析》，载《武大国家法评论》2017 年第 1 期。

② 张庆麟：《国际投资仲裁的第三方参与问题探究》，载《暨南学报》(哲学社会科学版)2014 年第 11 期。

③ Regulation on Coordination in Resolution of International Investment Disputes, art 1 (1).

泰国还可以另外考虑强化国际投资争议中的选择性争端解决方法(Alternative Dispute Resolution，简称 ADR)以建立互利共赢、高效公平的多元化投资争议解决机制。相比于投资仲裁等刚性解决方式，磋商或调解等柔性解决方式在节约时间和金钱成本方面更具优势。正如泰国一位司法部的官员所说，虽然仲裁程序仍然是解决投资争端的首选方法，但其经济和时间成本相当高昂，因此调解可作为一个力推的替代性争议解决方法以解决投资争端①。在实践中，泰国政府可以考虑调解机制来解决一些易调解的案件。例如，争议双方仍希望继续维持投资关系，对于争端解决要求低成本高效率、双方争端的主要事实和原则性问题没有争议②。虽然现阶段国际法上没有给予调解协议以强制执行力，但是因为调解是在双方追求各自利益最大化的基础上展开的，调解达成的结果通常被双方当事人认同。即使不依靠强制执行程序，调解协议也可以被双方自觉执行。

2.适时加入《华盛顿公约》

《华盛顿公约》规定的投资仲裁机制是目前覆盖面最广、利用率最高的投资争议解决机制，并且全球大多数国家都是其缔约国。目前，ISDS 机制暴露出诸多具体缺陷，甚至被质疑冲击东道国主权、缺乏正当性③。为了应对上述质疑与批判，ICSID 正在推动投资仲裁“去商事化”的改革。ICSID 秘书处于 2006 年 4 月发布了《ICSID 仲裁规则》(ICSID Rules of Procedure for Arbitration Proceedings 2006)。新仲裁规则第 37(2)条规定“仲裁庭可允许非争议方就争议范围内的事项向仲裁庭提出书面材料……”。同样，ICSID《附加便利仲裁规则》(ICSID Additional Facility Rules)第 41(3)条也有类似规定。根据 ICSID 秘书处在 2004 年发布的一份报告，还可以看出 ICSID 有在其框架内建立上诉机制的设想④。虽然 ICSID 被质疑与批判，但是其正在

---

① Ornyajai Phoolthanang, Investmenr Protection in Thailand towards ASEAN Integration, *ASEAN Law Association 12th General Assembly*, 2015, pp.8-9.

② 明瑶华:《“一带一路”投资争端调解机制研究》，载《南通大学学报(社会科学版)》2018 年第 1 期。

③ Susan D. Franck, the Legitimacy Crisis in Investment Arbitration: Privatizing Public International Law through Inconsistent Decisions, *Fordham Law Review*, 2005, Vol. 73;刘笋:《国际投资仲裁引发的若干危机及应对之策评述》，载《法学研究》2008 年第 6 期。

④ ICSID Secretariat, Possible Improvements of the Framework for ICSID Arbitration, 2004.

不断改善，在可预见的未来 ISDS 机制并不会被彻底废止，并且在很长的一段时间内 ISDS 机制仍会主导投资争议解决机制。所以在现阶段，泰国仍可以适当考虑加入《华盛顿公约》，以营造和维护良好的投资环境，吸引外国投资者。

图书在版编目(CIP)数据

中国—东盟法律评论.第十一辑/张晓君主编.—厦门:厦门大学出版社,2021.12
ISBN 978-7-5615-8438-5

Ⅰ.①中… Ⅱ.①张… Ⅲ.①法律—中国、东南亚国家联盟—文集 Ⅳ.①D92-53 ②D933-53

中国版本图书馆 CIP 数据核字(2021)第 258270 号

出 版 人 郑文礼
责任编辑 李 宁 郑晓曦
封面设计 李嘉彬
技术编辑 许克华

出版发行 厦门大学出版社
社 址 厦门市软件园二期望海路 39 号
邮政编码 361008
总 机 0592-2181111 0592-2181406(传真)
营销中心 0592-2184458 0592-2181365
网 址 http://www.xmupress.com
邮 箱 xmup@xmupress.com
印 刷 厦门市明亮彩印有限公司

开本 720 mm×1 000 mm 1/16
印张 10.75
插页 3
字数 190 千字
版次 2021 年 12 月第 1 版
印次 2021 年 12 月第 1 次印刷
定价 88.00 元

厦门大学出版社
微信二维码

厦门大学出版社
微博二维码